KB232829

유대인의 절기와
예수 그리스도

유대인의 절기와 예수 그리스도 레위기 23장을 중심으로

지은이 홍성철
발행인 홍성철
초판 1쇄 2010년 10월 30일
초판 4쇄 2024년 11월 12일

발행처 도서출판 세 복
주소 경기도 파주시 문발로 123 3층
전화: (031)992-8692
홈페이지: http://www.saebok.kr
E-Mail: werchelper@daum.net
등록번호 제1-1800호 (1994년 10월 29일)
총판처 솔라피데출판유통
전화: (031)992-8691 팩스: (031)955-4433
ISBN 978-89-6334-012-8   03230
값 15,000원

ⓒ 도서출판 세 복

유대인의 절기와
예수 그리스도

홍 성 철

The Jewish Festivals and
Jesus Christ

John Sungchul Hong

목 차

레위기는 그리스도인들에게 어려운 책으로 알려져 있다. 그러나 조금만 관심을 가지고 접근하면 레위기만큼 흥미롭고 또 조직적인 책은 그리 많지 않을 것이다. 그 속에 들어 있는 풍부한 내용과 의미를 알면 알수록 레위기는 그만큼 소중한 하나님의 말씀으로 다가온다. 특히 거룩한 하나님을 닮아 거룩해야 한다는 가르침은 레위기 처음부터 끝까지 전체에 도도히 흐르는 바다처럼 깊고도 넓다.

레위기에는 하나님을 닮아 거룩하게 되는 법이 여러 가지로 제시되어 있다. 이를 테면, 하나님에게 제사를 드림으로 거룩하게 되는 법, 제사장들을 선택함으로 거룩하신 하나님에게 나아가는 법, 음식물을 가려 먹으면서 거룩하게 되는 법, 거룩한 제사장과 거룩한 제물을 통하여 거룩하게 되는 법, 성(性) 생활에서 이방인들과 달라야 하는 법, 마땅히 거룩해야 할 사람들이 거룩하지 못할 때 받아야 하는 거룩한 심판 등이다.

그처럼 여러 가지 법 가운데 또 하나가 있는데, 그것은 절기를 지킴으로 거룩해지는 법이다. 이스라엘 백성에게 절기의 준수는 어느 법 못지않게 중요한 거룩의 방편이다. 그런데 레위기에는 유대인의 절기가 7가지나 제시되어 있다. 출애굽기에는 절기가 3으로 국한되는 데 비하면 엄청난 확대라 아니할 수 없다 (출 23:14~17). 흥미롭게도 민수기에서는 다시 7대 절기를 다루는 데 반하여 (민 28~29장), 신명기에서는 출애굽기에서처럼 3대 절기만을 다룬다.

출애굽기에 제시된 3대 절기가 성별의 방편으로 제시되었다면, 신명기에서는 그 3대 절기는 반드시 하나님이 앞으로 선택하실 장소, 곧 성소에서 지켜야 할 사실이 강조해서 추가된다. 레위기와 민수기의 차이점은 다음과 같다: 레위기의 7대 절기는 제사장 편에서 강조되는 데 반하여, 민수기의 7대 절기는 그 절기마다 하나님에게 드려질 제물이 강조된다. 그러므로 모세오경 가운데 네 책에 나오는 절기들은 서로 보완적이라고 할 수 있다.

필자는 특히 레위기에 제시된 7대 절기에 흠뻑 빠져 있었다. 그 이유 중 하나는 그 절기들이 레위기에 들어 있기 때문이다. 레위기는 필자에게 큰 도전과 동시에 많은 영감(靈感)을 주는 책이었다. 필자는 많은 고민과 연구에 몰두하는 동안 서서히 그 내용과 의미에 매료(魅了)되기 시작했다. 더욱이 레위기 23장에 제시된 7대 절기는 문자 그대로 필자를 사로잡고도 남았다.

특히 레위기 23장에 제시된 7대 절기는 크게 세 가지로 분류될 수 있다는 사실에 놀라움을 금치 못했다. 처음 세 절기―유월절, 무교절 및 첫 이삭 절기―는 봄의 절기이고, 마지막 세 절기―나팔절, 속죄일 및 초막절―은 가을의 절기인데, 그 두 그룹의 절기 사이에 오순절이 들어가 있다는 것은 구조적으로도 놀라운 것이었다. 거기다가 그 모든 절기들이 이스라엘의 농사철과 연관되어 있다는 사실은 필자의 마음을 사로잡기에 충분했다.

그뿐 아니라, 그 절기들이 기독교와 밀접한 관계가 있다는 사실은 발견하면서 레위기 23장에 있는 7대 절기에 더욱 흥미를 갖게 되었다. 봄의 세 절기는 예수 그리스도의 십자가 사건을 중심으로 과거에 이미 성취되었으며, 가을의 세 절기는 예수 그리스도의 재림을 중심으로 미래에 성취될 것이다. 그처럼 과거와 미래 사이에 오순절이 자리하면서 봄의 절기와 가을의 절기, 곧 예수 그리스도의 초림과 재림 사이의 가교(架橋)가 되었다.

필자는 경외감에 사로잡혀 레위기 23장을 몇 그룹에게 가르친 바 있는데, 그럴 적마다 모두들 흥분하는 것을 감지할 수 있었다. 마침내 2010년 1월에 **세계복음화문제연구소**가 주최하는 목회자를 위한 세미나에서 다시 그 강의를 하게 되었다. 그런데 예수교대한 성결교회의 기관지인 〈월간 성결〉에서 그 내용을 연재해 달라는 요청을 받게 되었다. 그 연재를 위하여 지금까지 가르치던 것을 문자화하게 되었다.

레위기 23장의 7대 절기를 문자화하면서 깨닫게 된 사실이 한두 가지가 아니다. 첫째는 지금까지 알고 있던 필자의 앎이 어떤 테두리를 벗어나지 못했다는 것이다. 다시 연구하면서 새로운 것들을 얼마나 많이 깨달았는지 모른다. 실제로 매 절기마다 한 권의 책이 필요할 만큼 많은 내용이 들어 있었다. 둘째, 성경의 저자는 한 분, 곧 하나님이라는 사실이다. 구약성경과 신약성경의 조화는 너무나 장엄한 것이었다.

비록 이스라엘 백성이 절기와 율법에 얽매여서 그 모든 절기와 율법의 주인공이신 예수 그리스도를 메시야로 받아들이지 못하고 있지만, 그래도 성경의 내용은 그것이 율법이든 절기이든 예수 그리스도라는 사실이다. 예수 그리스도가 친히 말씀하신 그대로이다, "너희가 성경에서 영생을 얻는 줄 생각하고 성경을 연구하거니와 이 성경이 곧 내게 대하여 증언하는 것이니라" (요 5:39).

심지어는 예수님을 따르던 제자들조차 구약성경의 모든 말씀이 예수 그리스도를 가리키고 있다는 것을 믿지 못했는데, 이스라엘 백성이 믿기가 쉽지는 않았다는 것도 인정할 수 있다. 부활하신 그리스도가 엠마오로 가던 두 제자에게 하신 말씀은 이런 것을 증명한다, "미련하고 선지자들이 말한 모든 것을 마음에 더디 믿는 자들이여…모세와 모든 선지자의 글로 시작하여 모든 성경에 쓴 바 자기에 관한 것을 자세히 설명하시니라" (눅 24:25, 27).

필자에게 지금까지 섣불리 알던 레위기 23장을 더 깊게 연구할 수 있도록 기회를 주신 **세계복음화문제연구소**의 이사 여러분에게 감사를 드리지 않을 수 없다. 그리고 그 내용을 문자화할 수 있도록 기회를 준 〈월간 성결〉의 편집국장과 여러분에게 마음속 깊이에서 감사를 드리고 싶다. 뿐만 아니라, 서슴지 않고 추천의 글을 써 주신 구약성경의 세계적인 석학인 애즈베리신학교(Asbury Theological Seminary) 우수교수 존 오스왈트(John Oswalt) 박사에게도 감사한다.

그러나 무엇보다도, 필자를 무조건적으로 사랑하신 하나님과, 십자가에서 이루신 구속의 역사로 필자를 구원하신 예수 그리스

도와, 필자의 제한적인 이해력에 조명(照明)의 역사로 레위기 23장
에 매료되게 하신 성령님, 그 절기들이 함축하고 있는 기독교와
떼려고 해도 뗄 수 없는 밀접한 관계를 깨닫게 하신 성령님, 그리
고 무엇보다도 그 말씀을 통하여 우리의 구세주이신 예수 그리스
도를 알게 하신 성령님에게 모든 영광을 돌리기 원한다.

주후 2010년 5월 18일
애즈베리신학교에서
홍 성 철

일반적으로 많은 그리스도인들이 신약성경에 나타난 믿음의 뿌리인 구약성경에 대하여 잘 알지 못하는 것은 큰 불행입니다. 비록 그들이 구약성경의 영감설(靈感設)을 믿는다고 입으로 말하면서 성경을 들고 다니지만, 성경의 사분의 삼을 차지하는 구약을 거의 읽지 않거나 연구하지 않습니다. 이런 무지의 결과는 너무나 비극적입니다. 왜냐하면 신약성경의 저자들은 구약성경에 모두 깊이 젖어 있으며, 동시에 구약성경의 질문들에 대한 해답을 제시하고 있기 때문입니다. 그 결과, 구약성경을 알지 못하는 독자들은 신약성경이 말하는 바를 손쉽게 잘못 해석할 수 있습니다. 잘못된 해석 가운데 가장 심각한 것은 구원이 죄의 용서와 영생의 확신만을 포함한다는 현대의 해석입니다. 이것이 전혀 그렇지 않다는 것은 구약성경을 기본적으로만 알고 있어도 분명해집니다; 구원은 하나님과 간단(間斷)없이 동행하는 것을 내포하며, 그렇게 할 때 믿는 자는 끊임없이 하나님의 성품을 닮아서 변화됩니다.

동시에 피하지 않으면 안 될 잘못이 또 있습니다. 그것은 신약성경과 연관을 짓지 않고 구약성경을 이해해야 한다는 제안입니다. 따라서 그런 제안에 의하면, 신약성경의 저자들이 그리스도의 역사와 교회의 시작을 구약성경의 모든 것이라고 보는, 겉으로는 괜찮아 보이지만 부적절한 일을 합니다: 실제로 거기에 존재하지도 않은 것들을 억지로 연결시킨다는 것입니다. 거듭 말하거니와 신구약을 그렇게 분리시키려는 시도는 파괴적입니다. 구약성경은 그 자체로는 완전한 책이 아닙니다. 구약성경은 그 자체만으로는 이루어지지 않는 소망과 깨어진 꿈의 책입니다. 구약성경과 신약성경을 짝지어서 신약성경에 비추어서 읽을 때 비로소 구약성경의 참 아름다움과 의미가 분명해집니다. 여기에 소망이 실현되며 꿈이 이루어집니다.

홍성철 박사의 이 책은 이런 두 가지 잘못을 해결하는 귀중한 기여가 될 것입니다. 본서에서 저자는 기독교 신자가 구약성경의 절기들이 기독교 신앙과 어떻게 연결되어 있는지를 이해하게 할 것입니다. 이 분야는 특히 많은 그리스도인들이 별로 이해하지 못하는 영역이기도 합니다. 그러므로 이 책은 이런 매우 심각한 간격을 극복하게 하는 역할을 할 것입니다. 봄의 절기로 출발해서 한 해의 모든 절기를 훑어보면서 저자는 마지막 가을의 절기인 초막절로 끝을 맺습니다. 저자는 절기마다 성경의 가르침, 그 절기가 처음에 어떻게 시행되었으며, 또 현재는 어떻게 지켜지고 있는지, 그리고 그 절기가 기독교 신앙에 어떤 의미를 갖는지 각각 설명합니다. 그렇게 하면서 저자는 어떻게 그리스도의 초림에서부터 그리스도의 천년왕국 통치에 이르기까지 기독교 계시의 모든 단계가 이들 연례 절기에 들어맞는지를 보여 줍니다.

처음에는 세미나의 형태로 제시되었다가, 그 후에는 〈월간 성결〉에 연재의 형태로 출간되다가, 이제 마침내 이처럼 책이라는 마지막 형태로 빛을 보게 되었습니다. 홍 박사는 설교자요 전도자이며 동시에 저술가이기에, 그리고 오랜 숙성(熟成)의 기간을 거쳤기에, 이 책은 잘 다져진 그리고 훌륭하게 적용할 수 있는 형태로 독자에게 제시됩니다. 이 저술에는 깊은 묵상을 거치지 않은 내용도 없으며 또 많은 청중의 시험을 통과하지 않은 것도 없습니다. 물론 모든 사람이 저자의 종말론에 동의하지 않을 수 있으나, 그래도 많은 사람이 홍 박사가 전개한 내용으로부터 큰 도움을 받을 수 있을 것입니다. 그 내용에 의하면, 이스라엘의 절기들이 기독교인들의 신앙을 위한 역사적인 배경으로써 뿐 아니라, 그 절기들이 전달하는 신학적인 사실로써 그리고 우리 신앙의 기반을 비추어 주는 방법으로써도 중요합니다. 나는 홍 박사의 이 책을 널리 추천하며, 이 책이 영어로 번역이 되어 영어 독자도 읽을 수 있는 날을 기다리겠습니다.

존 오스왈트
애즈베리신학교 구약학 우수교수
윌모, 켄터키(Wilmore, Kentucky)

들어가면서

이스라엘 백성은 430년이란 긴 기간의 종 노릇에 마침내 종지부를 찍었다. 그들을 억압하던 애굽을 떠났을 뿐 아니라, 약속의 땅 가나안을 향하여 나아가기 시작하였다. 그것이 가능했던 것은 위로 하나님의 역사와 아래로 모세의 순종이 있었다. 하나님은 그들을 위하여 큰 능력으로 애굽을 치셨고, 하나님의 도구인 모세는 하나님의 지도를 받으면서 이스라엘 백성을 지혜롭게 인도하셨다.

물론 하나님이 이스라엘 백성을 애굽에서 건져내신 것은 궁극적으로 가나안으로 인도하시기 위함이었다 (신 6:23). 그러나 하나님의 뜻은 그들을 물리적으로 인도하여 들이는 것만은 아니었다. 하나님은 그들이 가나안에서 하나님의 모습을 드러내기를 원하셨다. 그 이유는 분명했다! 그들은 하나님의 사랑과 능력을 경험했으나, 그들이 만날 이방인들은 그런 하나님을 알지 못했기 때문이었다. 이것은 간접적인 전도의 사명이었다.

그러나 하나님은 그처럼 큰 사명을 이스라엘 백성에게만 맡겨두지 않으셨다. 하나님은 그들을 시내 산으로 인도하신 후 적절한 가르침과 훈련을 주셨다. 약 11개월 15일이란 짧지 않은 기간에 하나님은 이스라엘 백성에게 사명을 수행할 수 있도록 무장시키셨다 (출 19:1; 민 10:10 참조). 그 무장의 내용을 다음과 같이 요약할 수 있다: 첫째로 율법을 받고, 둘째로 성막을 짓고, 그리고 셋째로 제사법을 배우는 것이었다.

하나님이 시내 산에서 이스라엘 백성에게 율법을 주신 것은 출애굽의 첫 번째 목적이기도 하다. 율법을 주신 것은 법 없는 이방인과 달리 하나님의 법에 따라 살 때 하나님의 성품을 닮을 수 있기 때문이었다 (출 19~24장). 그들이 경험한 출애굽은 율법을 통하여 하나님과 언약 관계로 들어가는 기초가 되었다. 이스라엘 백성은 그 언약 관계를 통하여 하나님을 이방인들 사이에 드러낼 수 있게 된 것이다.

언약 관계를 맺은 이스라엘 백성에게 하나님이 베푸신 또 하나의 큰 은혜가 있었다. 그것은 하나님이 그들 가운데 임재하시겠다는 것이었다. 어떻게 그토록 거룩하신 하나님이 그토록 인간적인 이스라엘 백성에게 임재하실 수 있었던 것인가? 하나님은 당신의 임재를 위하여 이스라엘 백성에게 성막을 짓게 하셨다 (출 25~31장). 그리고 그들이 성막을 완성하였을 때 하나님은 약속대로 성막 위에 영광 가운데 임재하셨다 (출 25:22, 40:34~38).

이런 하나님의 임재는 진정으로 혁명적이며 역사적인 사건이었다. 아담과 하와가 불순종한 이후 하나님은 인간들 가운데 간헐적으로 나타나긴 하셨으나, 지속적으로는 임재하실 수 없었다. 그 이유는 단절된 하나님과 인간과의 관계 때문이었다. 그러나 하나님은 첫 인간을 만드셨을 때처럼 인간 가운데 임재하기를 원하셨다. 그리고 그 마음이 실현된 최초의 사건은 바로 성막 가운데 임재하신 하나님의 역사였다.

이제 이스라엘 백성은 **어디에서** 하나님을 만나서 예배를 드려야 할지를 알게 되었다. 그러나 그들에게는 중요한 질문이 남아 있었다. 그 질문은 그들이 아무나 그리고 아무 방법으로나 그 하나님 앞으로 나아올 수 있느냐는 것이었다. 그런 질문에 대한 해답으로 제시된 책이 바로 레위기였다. 레위기는 이스라엘 백성이 어떤 방법으로 하나님에게 나아올지를 알려 주는 책이었다. 그 방법을 요약하면 두 가지였는데, 곧 제사와 제사장을 통해서였다.

하나님이 인간을 만나시고 그리고 인간이 하나님에게 나아가는 방법은 첫째 희생을 통해서였다. 그 희생이 바로 여러 가지 제사였다 (레 1~7장). 둘째는 그 제물을 하나님 앞으로 가지고 나아올 제사장이었다 (레 8~10장). 이스라엘 백성은 스스로 제물이 될 수도 없었고, 또 스스로 하나님 앞으로 나올 수도 없었다. 그런 까닭에 그들은 그들을 대신해서 죽을 제물, 곧 동물이 필요했고, 또 그들을 대신해서 그 제물을 하나님에게 가져갈 제사장이 필요했다. 이스라엘 백성은 제물과 제사장을 통하여 하나님을 만나게 되었다.

이처럼 제물과 제사장을 통하여 하나님과의 관계를 돈독히 한 이스라엘 백성은 그 관계를 삶의 현장에서 드러내어야 했다. 그 관계를 드러내는 방법은 두 가지인데, 첫째는 정결(淨潔)이고, 둘째는 거룩이다. 레위기는 정결과 거룩을 구체적으로 다루고 있는데,

정결은 레위기 11~16장에서, 거룩은 17~27장에서 각각 다루고 있
다. 결국 레위기는 하나님을 드러낼 이스라엘 백성의 죄 문제 (1~10
장), 정결의 문제 (11~16장) 및 거룩의 문제 (17~27장)를 각각 다루고
있다.

하나님이 거룩하시기에 그분을 드러내야 하는 이스라엘 백성
은 당연히 거룩해야 했다. 레위기에서만 152회나 나오는 거룩과
그 파생어는 주로 17~27장 사이에 집중적으로 나오면서 이스라엘
백성이 거룩하게 살아가는 방법을 구체적으로 제시하고 있다. 그
방법 중에 절기를 지킴으로 거룩할 수 있다는 가르침을 주는 곳이
바로 레위기 23장이다. 그리고 그 장에 나오는 절기들을 살펴보면
서 그 의미를 찾고자 하는 것이 이 저서의 목적이다.

레위기 23장에 나오는 7가지 절기—유월절, 무교절, 첫 이삭 절
기, 오순절, 나팔절, 속죄일, 초막절—는 근본적으로 이스라엘 백
성에게 주어진 율법이다. 그러나 성경은 성령의 감동으로 기록되
었기에, 그 율법은 시대를 초월하여 적용될 수 있는 잠재력이 있다
(딤후 3:15; 벧후 1:21). 그 7가지 절기는 한편 이스라엘 백성에게는
거룩하게 살아가는 방편이기도 하나, 동시에 기독교에서도 필요
한 가르침, 곧 기독교의 구속론과 종말론을 함축적으로 제시하기
도 한다.

그러므로 본서에서는 각 절기의 역사적인 배경, 실제적인 적용,
기독교적인 의미, 그리고 종말론적인 해석 등을 차례로 살펴보고
자 한다. 본서를 읽는 독자도 레위기 23장에 기록된 절기들과 친숙
해지며, 그 절기들이 그리스도인들에게 주는 의미를 파악하여, 그

결과 이스라엘 백성처럼 거룩하게 되기를 바란다. 그 절기들과 친숙해지는 방법은 무엇보다도 그 장(場)에 익숙해지는 것이다.

¹ 여호와께서 모세에게 말씀하여 이르시되, 이스라엘 자손에게 말하여 이르라. 이것이 나의 절기들이니 너희가 성회로 공포할 여호와의 **절기들이니라**.

³ 엿새 동안은 일할 것이요, 일곱째 날은 쉴 **안식일**이니 성회의 날이라. 너희는 아무 일도 하지 말라. 이는 너희가 거주하는 각처에서 지킬 여호와의 안식일이니라.

⁴ 이것이 너희가 그 정한 때에 성회로 공포할 여호와의 **절기들이니라**: 첫째 달 열나흗날 저녁은 여호와의 **유월절**이요,

⁶ 이 달 열닷샛날은 여호와의 **무교절**이니, 이레 동안 너희는 무교병을 먹을 것이요, 그 첫 날에는 너희가 성회로 모이고, 아무 노동도 하지 말지며, 너희는 이레 동안 여호와께 화제를 드릴 것이요, 일곱째 날에도 성회로 모이고, 아무 노동도 하지 말지니라."

⁹ 여호와께서 모세에게 말씀하여 이르시되, "이스라엘 자손에게 말하여 이르라. 너희는 내가 너희에게 주는 땅에 들어가서 너희의 곡물을 거둘 때에 너희의 곡물의 **첫 이삭** 한 단을 제사장에게로 가져갈 것이요, 제사장은 너희를 위하여 그 단을 여호와 앞에 기쁘게 받으심이 되도록 흔들되, 안식일 이튿날에 흔들 것이며, 너희가 그 단을 흔드는 날에 일 년 되고 흠 없는 수양을 여호와께 번제로 드리고, 그 소제로는 기름 섞은 고운 가루 십분의 이 에바를 여호와께 드려 화제로 삼아 향기로운 냄새가 되게 하고, 전제로는 포도주 사분의 일 힌을 쓸 것이며, 너희는 너희 하나님께 예물을 가져오는 그날까

지 떡이든지 볶은 곡식이든지 생 이삭이든지 먹지 말지니, 이는 너희가 거주하는 각처에서 대대로 지킬 영원한 규례니라.

15 안식일 이튿날 곧 너희가 요제로 곡식단을 가져온 날부터 세어서 일곱 안식일의 수효를 채우고, 일곱 안식일 이튿날까지 합하여 **오십 일**을 계수하여 새 소제를 여호와께 드리되, 너희의 처소에서 십분의 이 에바로 만든 떡 두 개를 가져다가 흔들지니, 이는 고운 가루에 누룩을 넣어서 구운 것이요, 이는 첫 요제로 여호와께 드리는 것이며, 너희는 또 이 떡과 함께 일 년 된 흠 없는 어린 양 일곱 마리와 어린 수소 한 마리와 수양 두 마리를 드리되, 이것들을 그 소제와 그 전제제물과 함께 여호와께 드려서 번제로 삼을 지니, 이는 화제라. 여호와께 향기로운 냄새며, 또 숫염소 하나로 속죄제를 드리며, 일 년 된 어린 수양 두 마리를 화목제물로 드릴 것이요, 제사장은 그 첫 이삭의 떡과 함께 그 두 마리 어린 양을 여호와 앞에 흔들어서 요제를 삼을 것이요, 이것들은 여호와께 드리는 성물이니, 제사장에게 돌릴 것이며, 이 날에 너희는 너희 중에 성회를 공포하고, 어떤 노동도 하지 말지니, 이는 너희가 그 거주하는 각처에서 대대로 지킬 영원한 규례니라. 너희 땅의 곡물을 벨 때에 밭모퉁이까지 다 베지 말며, 떨어진 것을 줍지 말고, 그것을 가난한 자와 거류민을 위하여 남겨두라. 나는 너희의 하나님 여호와이니라."

23 여호와께서 모세에게 말씀하여 이르시되, "이스라엘 자손에게 말하여 이르라. 일곱째 달 곧 그 달 **첫 날**은 너희에게 쉬는 날이 될지니, 이는 나팔을 불어 기념할 날이요 성회라. 어떤 노동도 하지 말고, 여호와께 화제를 드릴지니라."

26 여호와께서 모세에게 말씀하여 이르시되, "일곱째 달 열흘날은 **속**

죄일이니, 너희는 성회를 열고, 스스로 괴롭게 하며, 여호와께 화제를 드리고, 이 날에는 어떤 일도 하지 말 것은 너희를 위하여 너희 하나님 여호와 앞에 속죄할 속죄일이 됨이니라. 이 날에 스스로 괴롭게 하지 아니하는 자는 그 백성 중에서 끊어질 것이라. 이 날에 누구든지 어떤 일이라도 하는 자는 내가 그의 백성 중에서 멸절시키리니, 너희는 아무 일도 하지 말라. 이는 너희가 거주하는 각처에서 대대로 지킬 영원한 규례니라. 이는 너희가 쉴 안식일이라. 너희는 스스로 괴롭게 하고, 이 달 아흐렛날 저녁 곧 그 저녁부터 이튿날 저녁까지 안식을 지킬지니라."

³³ 여호와께서 모세에게 말씀하여 이르시되, 이스라엘 자손에게 말하여 이르라. 일곱째 달 열닷샛날은 **초막절**이니, 여호와를 위하여 이레 동안 지킬 것이라. 첫 날에는 성회로 모일지니, 너희는 아무 노동도 하지 말지며, 이레 동안에 너희는 여호와께 화제를 드릴 것이요, 여덟째 날에도 너희는 성회로 모여서 여호와께 화제를 드릴지니, 이는 거룩한 대회라. 너희는 어떤 노동도 하지 말지니라. 이것들은 여호와의 절기라. 너희는 공포하여 성회를 열고, 여호와께 화제를 드릴지니, 번제와 소제와 희생제물과 전제를 각각 그날에 드릴지니, 이는 여호와의 안식일 외에, 너희의 헌물 외에, 너희의 모든 서원제물 외에 또 너희의 모든 자원제물 외에 너희가 여호와께 드리는 것이니라. 너희가 토지소산 거두기를 마치거든 일곱째 달 열닷샛날부터 이레 동안 여호와의 절기를 지키되, 첫 날에도 안식하고, 여덟째 날에도 안식할 것이요, 첫 날에는 너희가 아름다운 나무 실과와 종려나무 가지와 무성한 나무 가지와 시내 버들을 취하여 너희의 하나님 여호와 앞에서 이레 동안 즐거워할 것이라. 너희는 매년 이레 동안 여호와께 이 절기를 지킬지니, 너희 대대의

영원한 규례라. 너희는 일곱째 달에 이를 지킬지니라. 너희는 이레 동안 초막에 거주하되, 이스라엘에서 난 자는 다 초막에 거주할지니, 이는 내가 이스라엘 자손을 애굽 땅에서 인도하여 내던 때에 초막에 거주하게 한 줄을 너희 대대로 알게 함이니라. 나는 너희의 하나님 여호와이니라. 모세는 이와 같이 여호와의 절기를 이스라엘 자손에게 공포하였더라.

절 기

하나님의 말씀

우선 그 절기들을 살펴보기 전에 하나님이 이스라엘 백성에게 이르신 말씀을 들어보자, "여호와께서 모세에게 말씀하여 이르시되, '이스라엘 자손에게 말하여 이르라. 이것이 나의 절기들이니, 너희가 성회로 공포할 여호와의 **절기**들이니라'" (레 23:1~2). 이 말씀에 의하면, 이 절기들은 하나님이 모세를 통하여 이스라엘 백성에게 주신 것이 분명하다. 이런 하나님의 말씀에 따라 이스라엘 백성은 중요한 절기들을 갖게 되었다 (레 23:9, 23, 26, 33).

이스라엘 백성은 매일 죄를 멀리하고, 깨끗하고도 거룩한 삶을 유지해야 하는 막중한 부담감을 가지고 살았다. 그러나 하나님은 그들에게 그런 매일의 삶에서 벗어날 수 있는 기회를 정기적으로 주셨는데, 그것이 바로 "여호와의 절기"였다. 그 절기들을 통하여 이스라엘 백성은 매일의 삶에 힘을 불어넣어 주는 하나님의 축복과 능력을 받았을 뿐 아니라, 한 발 더 나아가서 과거에 하나님과 맺었던 언약을 새롭게 하는 계기로 삼았다.[1]

위에서 본 것처럼, 절기는 정해진 때를 의미한다.[2] 하나님은 각각의 절기를 위하여 세심하게 날짜와 규정을 제정(制定)하셨다. 이런 절기는 성회라고도 불렸는데, 그 이유는 거룩한 목적을 위하여 하나님과 사람이 만나기 때문이었다. 레위기 23장에 제시된 여호와의 7대 절기는 거룩한 목적 때문에 모인 거룩한 성회이기에, 모임 자체가 신성하며 엄중한 의미를 지닌다. 그 절기들이 그처럼 중요한 이유를 찾아보는 것이 순서이리라.

절기의 중요성

여호와의 절기가 중요한 첫째 이유는 그 절기가 이스라엘 민족에게 주어졌다는 사실 때문이다. 이스라엘 백성은 하나님과 언약 관계를 맺은 특별한 백성이기에, 하나님은 그들에게 이런 절기들을 주셨다. 이런 절기들을 통하여 그들에게 은총의 언약을 허락하신 하나님에게 가까이 나아올 수 있었다. 이스라엘 백성은 일상생활에서 떠나서 안식을 누리며, 과거를 돌이켜 보며, 또한 하나님에게 경배할 수 있는 특권이 주어졌다.

둘째 이유는 이 7대 절기가 이스라엘의 농사와 연관되어 주어졌다는 사실 때문이다. 이 절기가 제정될 때 이스라엘은 대체적으

---

1) Erhard S. Gerstenberger, *Leviticus: A Commentary*, Douglas W. Stott 역 (Louisville, KY: Westminster John Knox Press), 1996.
2) 히브리어로는 모에드(מועד) 또는 복수형 모아딤이라 불린다.

로 농경 사회였다. 그들은 추수를 마치고 함께 모여서 그들에게 주어진 새로운 한 해를 돌이켜 보았다. 그러면서 그들에게 생명을 연장시켜 주기 위하여 추수 때마다 먹거리를 주시는 하나님에게 감사하면서 예배를 드렸다. 그들의 하나님은 진정으로 생명의 하나님이셨다.

여호와의 절기가 중요한 셋째 이유는 그 절기들이 과거를 돌이켜 보게 하는 절기였기 때문이다. 그 절기는 그들이 남녀노소, 빈부를 막론하고 그들을 종의 신분에서 건져내신 하나님을 기억하는 시기였다. 그들의 조상, 아브라함과 이삭과 야곱에게 약속을 주신 하나님은 그 약속을 잊지 않으시고, 그들을 엄청난 사랑과 큰 능력으로 애굽에서 건져내셨다. 그런 하나님을 그들이 함께 모여서 기억하며 찬양하는 시기가 바로 여호와의 절기였다.

넷째로, 여호와의 7대 절기는 모두 예수 그리스도의 구속적 사역을 가리키기 때문이다. 대표적인 예를 들면, 7대 절기 중 첫 번째 절기인 유월절은 예수 그리스도의 대속적 죽음을 분명하게 드러낸다. 그런가 하면 마지막 절기인 초막절은 그분의 재림을 가리킨다. 예수 그리스도는 당신의 구속적 사역을 마무리하시기 위하여 마지막 때에 이 세상으로 다시 오실 것이 분명하다.

여호와의 절기가 중요한 다섯째 이유는 그 절기들이 함축하고 있는 모든 사람들 때문이다. 물론 절기들은 일차적으로 이스라엘 백성에게 주어졌다. 그러나 그 절기들이 세상의 구주이신 예수 그리스도를 그리고 있다면, 궁극적으로는 모든 인류를 위한 절기임에 틀림없다. 그 절기들은 모든 이방인들도 절기에 참여하여 절기의 주인이신 하나님을 만나야 한다는 것을 가르친다. 물론 예수 그리스도를 통해서 만나야 한다.

그 절기가 중요한 여섯째 이유는 그 절기들이 함축하고 있는 시기 때문이다. 그 절기들을 보면, 어떤 절기는 봄과 연관되어 있으며, 어떤 절기는 여름과, 어떤 절기는 가을과 연관되어 있다. 물론 그 절기들이 농사철과 연관되어 있기에 그렇기도 하지만, 메시야이신 예수 그리스도와 연관시키면, 그분이 이루신 과거의 역사는 물론, 현재의 역사와 미래의 역사를 모두 포괄하고 있다.[3]

결국 여호와의 7대 절기는 이스라엘 백성을 위할 뿐 아니라, 모든 인류를 위한 절기였다. 그리고 그 절기들은 과거뿐 아니라, 현재와 미래를 두루 포함하는 절기이다. 물론 그 가운데는 인류의 구세주이신 예수 그리스도가 존재하신다. 그분은 과거와 현재와 미래라는 시간의 한가운데 자리하신다. 그런 이유 때문에 그분의 탄생을 중심으로 **BC**와 **AD**로 나뉘어졌다. 다시 말해서, 그분의 탄생 이전은 **BC**로, 그리고 탄생 이후는 **AD**로 명명되었다.

일곱 절기와 세 절기

위에서 열거된 것처럼, 레위기 23장에 나오는 절기는 일곱 가지인데, 다음과 같다: (1) 유월절, (2) 무교절, (3) 첫 이삭 절기, (4)

---

3) 절기의 중요성에 대하여 더 알려면 다음을 참고하라, Kevin Howard & Marvin Rosenthal, *The Feasts of the Lord* (Orlando, FL: Zion's Hope, Inc., 1997), 13~14.

오순절, (5) 나팔절, (6) 속죄일, (7) 초막절. 그런데 이 절기들을 주의 깊게 보면 농사의 세 절기와 맞물려 있는 것을 알 수 있다. 일 년 중 첫 번째 추수는 보리인데, 그 보리 추수는 유월절과 같은 때이다. 두 번째 추수는 밀인데, 그 추수는 오순절과 같은 때이다. 그리고 마지막 추수는 여러 가지 과일과 밭의 소출인데, 초막절과 같은 때이다.

그렇다면 이 세 가지 절기—유월절, 오순절 및 초막절—가 가장 중요한 절기라도 되는가? 그런 질문에 대한 해답을 얻으려면 출애굽기가 도움이 될 것이다. 출애굽기 23장 14~17절에도 역시 위의 세 절기를 언급하고 있다. 그 말씀을 직접 인용해 보자:

너는 매년 세 번 내게 절기를 지킬지니라. 너는 무교병의 절기를 지키라. 내가 네게 명령한 대로 아빕 월의 정한 때에 이레 동안 무교병을 먹을지니, 이는 그 달에 네가 애굽에서 나왔음이라. 빈손으로 내 앞에 나오지 말지니라. 맥추절을 지키라; 이는 네가 수고하여 밭에 뿌린 것의 첫 열매를 거둠이니라. 수장절을 지키라; 이는 네가 수고하여 이룬 것을 연말에 밭에서부터 거두어 저장함이니라.

위에서 무교병의 절기는 유월절과 맞물려 있으며, 맥추절은 오순절이기도 하다. 그리고 수장절은 초막절의 다른 표현이다. 하나님이 이스라엘 백성에게 주신 율법에는 절기도 들어 있는데, 그 절기는 레위기에서처럼 일곱 가지가 아니라 세 가지이다. 그렇다면 출애굽기의 3절기와 레위기의 7절기를 어떻게 조화시킬 수 있는가? 이 두 가지의 차이와 조화를 보기 위하여 이스라엘의 농사 시기를 알아보아야 한다.

이스라엘의 농사시기는 위에서 언급한 것처럼 집중적으로 세 시기가 있다. 첫째 보리 추수는 이스라엘의 신력(神曆)에 의하면 1월이며,⁴⁾ 둘째 밀 추수는 3월이고, 셋째 과일과 밭 추수는 7월이다. 그런데 1월 중에는 유월절 절기 외에도 무교절과 첫 이삭의 절기가 있다. 다시 말해서, 이 두 절기—무교절과 첫 이삭 절기—는 유월절과 함께 오는 절기이다. 이스라엘 신력의 1월은 태양력에 의하면 3~4월에 해당된다. 그러므로 이 세 절기를 봄의 절기라고 한다.

두 번째의 추수, 곧 밀 추수는 3월에 행해지는데, 그것을 다시 태양력으로 바꾸면 5~6월에 해당된다. 그러므로 오순절은 초여름의 절기라고도 불린다. 세 번째의 추수, 곧 과일과 밭 농작물의 추수는 이스라엘의 신력으로 7월에 행해진다. 그런데 7월에 세 절기가 집중적으로 있는데, 곧 나팔절과 속죄일 및 초막절이다. 나팔절과 속죄일은 초막절 앞에 오는 절기들이다. 이스라엘 신력의 7월은 태양력 9~10월에 해당되기에, 이 세 절기를 가을의 절기라고 불린다.

이것을 도해하면 다음과 같다. (참고로 위의 숫자는 이스라엘의 신력이고 선 아래의 숫자는 양력이다.)

---

4) 이스라엘에는 하나님의 구속 사건을 중심으로 만들어진 신력과 계절을 중심으로 만들어진 민력(民曆)이 있다.

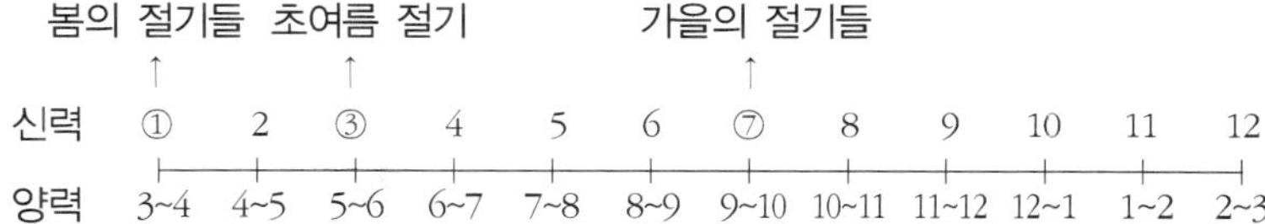

그렇다면 출애굽기에서 기록된 3대 절기와 레위기에 기록된 7대 절기는 전혀 상충되지 않는다. 단지 출애굽기는 세 가지 핵심이 되는 절기를 강조했는가 하면, 레위기는 3대 절기와 더불어 그 절기들과 함께 일어나는 절기들을 상세히 설명한 것뿐이다. 가나안으로 들어가기 직전에 있던 제2세대에게 주어진 두 번째 율법인 신명기에서도 출애굽을 경험한 제1세대와 똑같이 3대 절기만을 제시한다 (신 16:1~17).

이스라엘의 두 가지 달력

이 시점에서 이스라엘에게 새해가 일 년에 두 번씩 있는 이유를 알아보자. 이스라엘은 위에서 언급한 것처럼 민력과 신력에 의하여 새해가 두 번씩 있다. 민력의 시작은 하나님의 창조와 연관이 있다. 성경에 의하면, 창조의 시작과 더불어 새해가 시작되었다. 그런 이유 때문에 창조를 기준으로 만들어진 민력에 따라 새해가 있게 마련이다. 그리고 그 달은 **티쉬리**이다.5)

---

5) Morris Epstein, *All about Jewish Holidays and Customs*, rev. ed. (Jersey City, NJ: KTAV Publishing House, Inc., 1970), 10.

이스라엘에게는 또 다른 새해가 있는데, 그 새해는 신력이라고 불린다. 그 이유는 간단하다! 이스라엘 백성이 오랫동안 애굽에서 종 노릇을 하다가 하나님의 은혜로 애굽으로부터 해방을 경험하였다. 그 해방은 하나님의 개입 없이는 전혀 불가능한 것이었다. 이스라엘 백성을 불러내시면서 하나님은 그 달을 첫 달로 제정하라고 말씀하셨다 (출 12:2). 그 첫 달이 바로 **아빕** 월인데, 후에는 바벨론식 이름인 **니산**이라 불렸다.

이스라엘의 달력은 민력이든 신력이든 간에 음력(陰曆)이었다. 양력은 밤 12시에 새 날이 시작되어 24시간 지속되나, 음력은 해질 때—대략 저녁 6시—에 하루가 시작되어 역시 24시간 지속된다. 그리고 양력은 지구가 태양을 회전하는 날수를 근거로 만들어졌지만, 음력은 달이 지구를 회전하는 날수를 근거로 만들어졌다. 그리고 달이 지구를 한 바퀴 도는 데는 29.5일이 걸리며, 그것을 열두 달로 합산하면 1년에 354일이 된다.

이스라엘의 달력은 양력에 비해 일 년에 11.25날이 적다. 그것을 메우기 위하여 이스라엘 백성은 몇 년에 한 번씩 윤달을 두는데, 12월 곧 **아달** 월 뒤에 두고 그것을 **아달 쉐니**(두 번째 아달 월)라고 부른다. 그리고 그들은 19년을 주기로 셋째 해, 여섯째 해, 여덟째 해, 열한째 해, 열넷째 해, 열일곱째 해 및 열아홉째 해에 윤달을 둔다.[6] 그러면 다음의 도표에서 그 달들의 이름도 알아보고, 또 양력과도 비교해 보자:

---

6) Epstein, *All about Jewish Holidays and Customs*, 9.

신력	민력	바벨론식 이름	가나안식 이름	양력	절기	일수
제 1월	제 7월	니산 (느 2:1)	아빕 월 (출 13:4)	3~4월	유월절	30
제 2월	제 8월	이야르	시브 월 (왕상 6:1)	4~5월		29
제 3월	제 9월	시완 (에 8:9)		5~6월	오순절	30
제 4월	제10월	담무스		6~7월		29
제 5월	제11월	아브		7~8월		30
제 6월	제12월	엘룰 (느 6:15)		8~9월		29
제 7월	제 1월	티쉬리	에다님 월 (왕상 8:2)	9~10월	초막절	30
제 8월	제 2월	마르훼쉬완	불 월 (왕상 6:38)	10~11월		20~30
제 9월	제 3월	기슬르 (느 1:1)		11~12월	수전절	29~30
제10월	제 4월	데벳 (에 2:16)		12~1월		29
제11월	제 5월	스밧 (슥 1:7)		1~2월		30
제12월	제 6월	아달 (에 3:7)		2~3월	부림절	29~30

이런 이스라엘의 월력(月曆)에 대한 기초 지식을 가지고 유대인의 절기를 보면 훨씬 이해하기 쉬울 것이다. 그리고 앞으로 절기를 설명하면서 시시때때로 위의 달력을 참고하게 될 것이다.

안식일

하나님은 절기를 제정하시기에 앞서 무엇보다도 안식일을 먼저 언급하셨다. "엿새 동안은 일할 것이요, 일곱째 날은 쉴 **안식일**이니 성회의 날이라. 너희는 아무 일도 하지 말라. 이는 너희가 거주하는 각처에서 지킬 여호와의 안식일이니라" (레 23:3). 여기에서 주목할 것은 하나님이 이곳에서 7대 절기를 처음으로 제정하시지만, 안식일은 이미 시내 산에서 주신 십계명에 포함시키셨다는 사실이다 (출 20:8~11). 그런 의미에서 안식일은 절기와 구분된다.

안식일과 절기

그러면 하나님은 왜 레위기 23장에서 절기를 제정하실 때 안식일도 언급하셨는가? 어떤 절기도 언급되기 전에 안식일이 언급된 이유는 무엇인가? 얼른 보기에는 절기도 아닌 안식일이 먼저 언급된 것은 타당성이 없어 보인다.[1] 본문에 의하면, 안식일이 언급된 후에야 비로소 절기가 제정된다 (4절). 거기에다 절기는 일 년에 한 번씩, 그것도 월력에 따라 오지만, 안식일은 달(月)과 상관없이 온다. 그런 의미에서도 안식일은 절기와 구분된다.

그렇다면 안식일이 "여호와의 절기"라는 표현 전후에 언급된 까닭은 무엇인가? 그것은 비록 안식일이 절기는 아니지만 몇몇 절기들과는 깊은 연관이 있기 때문이다. 그렇지 않다면 "여호와의 절기"라는 표현이 안식일을 전후로 언급될 리가 없다. 다시 말해서, 2절에서 "여호와의 절기"가 소개된 후 3절에서 안식일이 언급되고, 그 후 4절에서 다시 "여호와의 절기"가 소개된다.

과연 7대 절기에서 안식일은 어떤 절기와 연관이 있는가? 레위기 23장의 본문에 의하면 그 연관을 다음에서 찾을 수 있다. 안식일과 연관된 첫째 절기는 무교절이다. 무교절의 제정에서 하나님은 이런 명령을 포함시키셨다: "그 첫 날에는 너희가 성회로 모이고, 아무 노동도 하지 말지며…일곱째 날에도 성회로 모이고, 아무 노동도 하지 말지니라" (레 23:7~8). 성회로 모이나 아무 노동을 하지 말라는 것은 안식을 취하라는 명령이다.

셋째 절기와 넷째 절기, 곧 첫 이삭 절기와 오순절은 안식일과 직접 연관되어 있지는 않지만, 간접적으로 연관되어 있다. 그 이유는 간단하다! 첫 이삭과 오순절의 행사는 각각 안식일 다음날에 이루어져야 하기 때문이다. 첫 이삭도 안식일 다음날에 흔들어 드

---

1) 레위기 23장 38절에 의하면 헌물, 서원 예물, 낙헌 예물 및 안식일은 7대 절기에 들어가지 않는다. 참고로 안식일은 히브리어로 **샤보드(שבת)** 이다.

려야 한다 (레 23:11). 그뿐 아니라, 오순절의 소제도 안식일 다음날, 곧 요제로 흔들어 드린 날부터 계산하여 7안식일이 지난 다음날에 드려야 한다 (레 23:15~16).

그런데 안식일과 직접 연관된 절기들이 더 있다. 다섯째 절기인 나팔절, 곧 7월 1일은 무조건 안식일로 삼으라는 하나님의 엄중한 명령이다 (레 23:24). 여섯째 절기인 속죄일, 곧 7월 10일은 어떠한가? 하나님이 주신 명령은 너무나 분명하다, "너희는 아무 일도 하지 말라....이는 너희가 쉴 안식일이라. 너희는 스스로 괴롭게 하고 이 달 아흐렛날 저녁 곧 그 저녁부터 이튿날 저녁까지 안식을 지킬지니라" (레 23:31~32).

마지막 절기, 곧 7월 15일부터 시작되는 초막절은 안식일과 아무 연관도 없는가? 물론 깊은 연관이 있다! 하나님의 말씀을 직접 들어보자, "첫 날에는 성회로 모일지니, 너희는 아무 노동도 하지 말지며...여덟째 날에도 너희는 성회로 모여서...이는 거룩한 대회라" (레 23:35-36). 결국 7대 절기 중 한 절기, 곧 유월절을 제외하고는 모든 절기가 안식일과 직간접적으로 연관되어 있다. 절기에 앞서 안식일을 언급하는 것은 너무나 당연하지 않는가?2)

---

2) 7대 절기보다 안식일을 앞세운 이유는 모든 절기가 안식일에서 시작되었기 때문이라는 주장도 있다. 이를 위하여 다음을 보라: Michael Mullins, *The Gospel of John, A Commentary* (Co Doublin, Ireland: The Columba Press, 2003), 165.

안식일의 제정

안식일의 시작은 십계명 가운데 네 번째 계명에서 찾는다. 하나
님이 시내 산에서 모세를 통하여 주신 안식일을 그 십계명에서
찾아보자:

안식일을 기억하여 거룩하게 지키라. 엿새 동안은 힘써 네 모든
일을 행할 것이나, 일곱째 날은 네 하나님 여호와의 안식일인즉,
너나 네 아들이나 네 딸이나 네 남종이나 네 여종이나 네 가축이나
네 문안에 머무는 객이라도 아무 일도 하지 말라. 이는 엿새 동안에
나 여호와가 하늘과 땅과 바다와 그 가운데 모든 것을 만들고 일곱
째 날에 쉬었음이라. 그러므로 나 여호와가 안식일을 복되게 하여
그날을 거룩하게 하였느니라.   출애굽기 20:8~11

이스라엘 백성은 안식일에 소극적으로는 아무 일도 하지 말아
야 하고, 적극적으로는 그날을 기억하고 거룩히 지켜야 한다. 안식
일에 아무 일도 하지 않고 쉰다는 것은 물론 하나님의 창조 역사와
관련이 있다. 하나님은 엿새 동안 빛에서 사람에 이르기까지 모든
창조를 마치시고, 칠 일째 되는 날에 쉼을 가지셨다. 그리고 하나
님은 그날을 복되게 하셨을 뿐 아니라 거룩하게 하셨다 (창 2:2~3).
그날에는 이스라엘 백성도 하나님을 따라 아무 일도 해서는 안
되었다. 그런 사실이 삶의 현장에서 강조된 적이 있었다. 그것은
이스라엘 백성이 출애굽을 한 후 시내 산을 향해서 진군하는 도중

에서였다. 그들이 먹을 것을 달라고 하나님에게 울부짖었을 때 하나님은 그들에게 아침마다 만나를 주셨다. 그들은 매일 아침 만나를 거두어서 하루의 식량을 삼았다. 그러나 6일째 되는 날에는 이틀 분을 거두게 하심으로 안식일에는 아무 일도 못하게 하셨다 (출 16:22~26).

그리고 마침내 시내 산에서 하나님은 안식일을 십계명에 포함시킴으로 그날을 법제화(法制化)하셨다. 계명 중 하나가 된 안식일은 이스라엘 백성에게 삶의 방식을 결정하는 중요한 날이 되었다. 결국 안식일의 제정은 하나님의 창조와 연관을 지으면서, 이스라엘 백성도 엿새 동안 열심히 일한 후 하루를 쉬게 되었다. 그들은 하루를 쉬면서 또 한 주간을 맞이할 수 있는 새로운 활력을 얻었다.3)

출애굽을 경험한 첫 세대가 지나간 후, 하나님은 약속의 땅 가나안으로 들어가기 직전에 있는 다음 세대에게 그처럼 중요한 십계명을 다시 언급하신다. 그 십계명에 포함된 안식일은 첫 세대에게 창조와 관련시킨 안식일과는 사뭇 강조점이 달랐다. 다른 점을 보기 위하여 그 계명을 직접 인용해 보자:

네 하나님 여호와가 네게 명령한 대로 안식일을 지켜 거룩하게 하라. 엿새 동안은 힘써 네 모든 일을 행할 것이나, 일곱째 날은 네 하나님 여호와의 안식일인즉, 너나 네 아들이나 네 딸이나 네 남종

---

3) Gale A. Yee, *Jewish Feasts and the Gospel of John* (Wilmington, DA: Michael Glazier, 1989), 34.

이나 네 여종이나 네 소나 네 나귀나 네 모든 가축이나 네 문 안에
유하는 객이라도 아무 일도 하지 못하게 하고, 네 남종이나 네 여종
에게 너 같이 안식하게 할지니라. 너는 기억하라. 네가 애굽 땅에서
종이 되었더니, 네 하나님 여호와가 강한 손과 편 팔로 거기서 너를
인도하여 내었나니, 그러므로 네 하나님 여호와가 네게 명령하여
안식일을 지키라 하느니라.　　　　　　　　　　　　　　신명기 5:12~15

　　여기에 기록된 안식일의 규정도 첫 세대에게 주신 안식일의 규
정과 다를 바가 없다. 똑같이 그날을 거룩히 기억하면서 아무 일
을 해서도 안 되었다. 그러나 첫 세대에게 준 안식일과 다음 세대
에게 준 안식일 사이에 엄청난 차이가 하나 있는데, 그것이 안식일
을 지켜야 하는 이유이다. 첫 세대에게 준 안식일에 쉼을 누려야
하는 이유는 하나님의 창조와 안식 때문이었다.

　　그러나 다음 세대에게 주어진 안식일의 이유는 달랐다. 하나님
이 창조 후 안식하신 이유 때문이 아니라, 하나님이 이스라엘 백성
을 애굽에서 건져내신 이유 때문이었다. 이스라엘 백성은 오랫동
안 애굽의 종이었다. 그들이 거기서 해방되는 것은 인간적으로는
절대 불가능한 일이었다. 그들에게 필요한 것은 하나님의 개입이
었고, 그리고 드디어 하나님은 개입하셨다. 하나님은 "강한 손과
편 팔로" 그들을 구원해 내셨다.

　　결국 이스라엘 백성의 일주일에 하루를 성별(聖別)시킨 분은 하
나님이시다. 이스라엘의 하나님은 평범한 신이 아니셨다. 그분은
만물을 창조하셨을 뿐 아니라 인간을 창조하셨다. 그 창조주 하나

님은 이스라엘 백성에게 안식을 명하셨다. 그뿐 아니라 그 창조주 하나님은 그들을 애굽에서 구원해 내신 구속자 하나님이셨다. 그 구속의 하나님도 역시 안식을 명하셨다. 이 두 역사는 공히 이스라엘 백성을 위한 하나님의 놀라운 역사였다.

이스라엘 백성은 일주일에 하루를 떼어서 안식해야 한다. 위에서 살펴본 대로, 그 이유는 두 가지이다: 한 가지 이유는 하나님의 창조 역사이고, 또 다른 이유는 하나님의 구속 역사이다. 물론 이 두 가지 역사는 공히 인류의 구원과 연관된 하나님의 역사였다. 하나님은 창조를 통하여 구원의 역사를 시작하셨고, 출애굽을 통하여 구원을 이루셨다. 이스라엘은 일곱째 날 모든 일손을 놓고, 한편 쉬면서 또 한편 창조자이시며 구속자이신 하나님을 경배해야 한다.[4]

안식일의 의의(意義)

안식일은 하나님의 창조 및 구속과 연루되었기에 이미 그 중요성은 입증되고도 남았다. 그럼에도 불구하고 그 의의를 보다 자세히 살펴보는 것은 안식일을 연구함에 없어서는 안 될 중요한 요소이다. 왜냐하면 하나님은 안식일을 제정하실 때 세 가지를 당부하셨기 때문이다. 첫째는 안식일을 거룩하게 해야 한다. 둘째는 안식일을 기억해야 한다. 셋째는 안식일을 지켜야 한다.

---

4) Ibid., 35.

안식일을 거룩하게 한다는 것은 다른 날들과 성별시킨다는 의미이다. 거룩은 히브리어로 **카도쉬**인데, 이는 한 마디로 성별시킨다는 의미를 지닌다. 그러면 무엇으로부터 성별시켜야 하는가? 세속적인 날로부터 성별시켜야 한다. 다시 말해서, 일주일 가운데 여섯 날과 안식일인 일곱째 날은 다르다. 여섯 날 동안에는 세속적인 일과 사업에 매진해야 한다. 그러나 안식일은 달라야 한다. 그날에는 모든 일과 사업에서 손을 놓고 하나님을 위해서만 보내야 한다.

그렇다면 어떻게 하는 것이 하나님을 위하여 성별시키는 것인가? 그 방법이 바로 기억이다. 안식일을 기억한다는 것은 단순히 지적으로만 기억하는 것이 아니라, 과거를 재생시킨다는 의미이다. 그러니까 이스라엘 백성은 하나님이 그들의 조상을 위하여 이루신 두 가지 사역, 곧 창조와 구속의 사역을 기념하면서 그 하나님에게 예배를 드려야 한다. 그렇게 하면서 이스라엘 백성은 또 한 주를 살아갈 수 있는 힘을 하나님으로부터 공급받는다.[5]

이스라엘 백성은 안식일을 거룩히 기억하면서 반드시 지켜야 한다. 하나님은 이스라엘 백성에게 안식일을 지킬 것을 반복적으로 그것도 강조해서 명령하신다. "내가 네게 이른 모든 일을 삼가 지키고…" (출 23:13). 물론 이 명령은 그 앞 절에 의하면 안식일을 지키라는 준엄한 명령이다 (출 23:12). 이것보다 훨씬 강한 명령을 보자, "엿새 동안은 일하고, 일곱째 날은 너희를 위한 거룩한 날이니 여호와께 엄숙한 안식일이라. 누구든지 이 날에 일하는 자는

---

5) Ibid., 33~34.

죽일지니”(출 35:2).

실제로 이 명령을 어긴 사람이 있었는데, 그 결과는 가차 없는 죽음이었다. “....안식일에 어떤 사람이 나무하는 것을 발견한지라....온 회중이 곧 그를 진영 밖으로 끌어내고, 돌로 그를 쳐 죽여서 여호와께서 모세에게 명령하신 대로 하니라”(민 15:32, 36). 이스라엘 백성은 하나님의 엄중한 명령에 따라 안식일을 반드시 지켜야 했다.

그렇다면 왜 하나님은 이스라엘 백성에게 이처럼 엄한 명령을 내리셨는가? 그것은 하나님과 그들 사이에 맺어진 특별한 언약 관계 때문이다. 그 언약 관계를 모세는 이렇게 설명한다: “엿새 동안은 일할 것이나 일곱째 날은 큰 안식일이니 여호와께 거룩한 것이라. 안식일에 일하는 자는 누구든지 반드시 죽일지니라. 이같이 이스라엘 자손이 안식일을 지켜서 그것으로 대대로 영원한 언약을 삼을 것이니, 이는 나와 이스라엘 자손 사이에 영원한 표징이며...”(출 31:15~17).

안식일을 지키지 아니하는 자는 죽음을 당해야 한다. 그 이유는 간단하다! 안식일은 하나님이 이스라엘 백성과 맺으신 영원한 언약의 표징이기 때문이다. 다시 말해서, 이스라엘 백성이 일주일에 한 번씩 안식일을 지킴으로 그들이 하나님과 특별히 맺은 언약의 백성이라는 것을 만천하에 드러내는 것이다. 물론 밖으로는 그런 특별한 관계를 드러내지만, 안으로는 하나님에게 예배를 드리면서 그 언약 관계를 만끽한다.

이스라엘 백성을 위하여 안식일이 제정되었을 때, 어느 나라에서도 그런 법은 없었다. 이스라엘 백성만이 안식일을 누리면서 하나님과의 언약 관계를 누렸다. 그들은 일주일에 한 번씩 쉬면서 하나님을 경배하는 특별한 백성이 되었다. 이런 생활방식은 그들로 하여금 다른 어떤 백성들보다 뛰어난 사람들이 되게 하였다. 결국 안식일은 이스라엘 백성이 다른 백성들과는 다른 독특한 민족이 되게 하는 중요한 요인이 되기도 했다.[6]

이스라엘 백성에게 안식일이 더욱 중요한 날이 된 계기가 있었다. 그들은 우상숭배라는 죄 때문에 나라를 잃었다. 바벨론에 의하여 나라뿐만 아니라 성전까지 완전히 소멸되었다. 이스라엘 백성은 더 이상 성전에서 하나님에게 예배를 드릴 수 없게 되었다. 그런 상황에서 안식일은 더욱 중요한 예식의 날이 되었다. 그들은 그들이 있는 곳에서 안식일을 하나님에게 드리는 날로 삼으면서 성전 예배를 대신하는 엄청난 축복을 누렸다.[7]

안식일의 규율

안식일은 적극적으로 정신적이고 영적인 재충전을 위한 쉼이다. 그런 쉼을 위하여 이스라엘 백성은 소극적으로는 금해야 할

---

6) A. Noordtzij, *Bible Student's Commentary: Leviticus*, Raymond Togtman 역 (Grand Rapids, MI: Zondervan Publishing House, 1982), 230.
7) 물론 성전예배를 잃은 것은 축복이 아니라 저주였지만, 그래도 그 예배를 대신할 수 있는 제도가 있었던 것은 축복이라 아니할 수 없다. Yee, *Jewish Feasts and the Gospel of John*, 35.

일들이 있다. 그들은 안식일에 먹거리를 굽거나 삶을 수 없다 (출 16:23). 평일처럼 밭을 갈거나 수확할 수 없다 (출 34:21). 어디에서든지 불을 피울 수도 없고 (출 35:3), 나무를 할 수도 없다 (민 15:32 이하). 뿐만 아니라 이스라엘 백성은 안식일에 사업을 할 수도 없고 (암 8:5; 느 13:31), 무거운 짐을 질 수도 없다 (렘 17:21~22).

이스라엘의 랍비들은 안식일에 할 수 없는 일들을 구체적으로 제시하였는데, 자그마치 39가지나 되었다:8)

씨를 뿌림, 밭 갈기, 수확, 단 묶기;

탈곡, 키질, 곡물 세척;

곡물 갈기, 곡물 체질, 반죽, 빵 굽기;

털 깎기, 털 표백, 털 빗기, 털 염색;

실 잣기, 실 짜기, 두 개 이상의 고리 만들기, 두 실로 엮기, 두
　　실을 나누기;

묶기, 풀기;

두 바늘 이상 기우기, 기우려고 잘라내기;

영양 사냥, 영양 죽이기, 그 가죽 벗기기, 거기에 소금 치기, 저
　　장하기, 그것을 닦기, 가죽 닦기;

두 철자 이상 쓰기, 철자를 쓰려고 지우기;

건물 짓기, 건물 헐기;

불 끄기, 불 붙이기;

망치질;

여행.

---

8) 〈미쉬나〉(Mishnah)의 "안식일" VII:2를 보라.

안식일에 할 수 없는 일들은 끝없이 다듬어지고 또 확대되었을
뿐 아니라 엄격하게 준수되었다. 카이로(Cairo) 근처에 있는 어느
옛 회당에서 1896년에 발견된 율법의 사본의 규율도 위에 열거된
규율과 비슷하다. 1~3세기 사이에 다메섹에서 사용된 이 규율을
인용해 보자:

> 안식일에 아무도 속되거나 헛된 일을 말할 수 없다. 아무도 다른 사
> 람에게 돈을 꾸어줄 수 없다. 아무도 재산이나 수익 문제로 고소할
> 수 없다. 아무도 사업을 논할 수 없다. 아무도 그의 일상의 일을 수행
> 하려고 밭에서 왔다 갔다 할 수 없다. 안식일에 아무도 도시를 벗어
> 나서 1,000규빗 이상 갈 수 없다. 아무도 미리 준비되지 않은 것을
> 먹을 수 없다....여행을 할 때 아무도 자기의 진영에서 미리 가지고
> 오지 않은 음식에 참여할 수 없다....아무도 물을 길을 수 없다....아
> 무도 그의 일을 시키려고 비유대인에게 위임할 수 없다. 아무도 더러
> 워진 옷이나 밭에서 일하면서 입었던 옷을 입을 수 없다-그 옷을 물
> 로 빨거나 세제로 닦을 때는 허용된다. 아무도 자원해서 금식할 수
> 없다. 아무도 목초지를 향하여 1,000규빗 이상 가축을 따라 갈 수 없
> 다....아무도 어떤 것이든 집안으로 들이거나 집 밖으로 내갈 수 없
> 다....간호사들은 안식일에 그들의 임무를 수행할 수 없다. 아무도 안
> 식일에 남종이나 여종이나 고용인에게 명령을 내릴 수 없다. 아무도
> 동물의 출산을 도울 수 없다. 만일 어떤 동물이 구덩이나 함정에 빠
> 져도 아무도 그것을 끄집어 낼 수 없다; 만일 사람이 우물에 빠져서
> 사다리로나 밧줄이나 기타 다른 도구로 구해낼 수 없으면, 아무도
> 그를 끄집어 낼 수 없다....9)

---

9) Theodor H. Gaster, *A Modern Interpretation and Guide: Festivals of the
   Jewish Year* (H. Wolff, NY: William Sloane Associates Publishers, 1953),

그러나 랍비들은 경우에 따라서 안식일의 모든 규율을 초월할 수 있다고 가르쳤다. 그런 경우는 다음과 같은 세 가지였다: 첫째 예식의 의무, 둘째 방어적인 전쟁, 셋째 생명의 구출. 첫 번째 경우는 할례가 있는데, 어린 아이가 할례를 받을 날 곧 생후 8일째가 마침 안식일이면, 안식일의 규율을 초월해서 할례를 행한다. 두 번째 경우는 안식일에라도 자신이나 국가를 보호하기 위하여 전쟁을 수행할 수 있다. 세 번째 경우는 생명을 구하기 위해서는 안식일의 규율을 어길 수 있다.[10]

안식일의 시행

유대인은 안식일을 통하여 생기를 얻어서 새로운 한 주간을 맞이한다. 유대인이 시행하는 안식일은 회당과 가정에서이다. 먼저 금요일 밤, 회당에서 안식일 예배가 끝난 후 아버지는 자녀들에게 안수하면서 축복을 선언한다.[11] 아들인 경우, "하나님이여, 이 아들을 에브라임과 므낫세 같게 만들어 주소서!" 하고, 딸인 경우, "하나님이여, 이 딸을 사라, 리브가, 라헬, 레아와 같게 만들어 주소서!"라고 축복한다.[12] 그리고 아내를 위해서는 잠언을 인용하며

269~70.
10) Yee, *Jewish Feasts and the Gospel of John*, 36~37.
11) 레위기 23:32에 의하면, 안식일은 금요일 해질 때(6시경)부터 토요일 해질 때(6시경)까지이다.
12) Gaster, *A Modern Interpretation and Guide: Festivals of the Jewish Year*,

칭찬한다:

누가 현숙한 여인을 찾아 얻겠느냐?

그의 값은 진주보다 더 하니라....

자기의 집안일을 보살피고,

게을리 얻은 양식을 먹지 아니하나니,

그의 자식들은 일어나 감사하며;

그의 남편은 칭찬하기를,

덕행 있는 여자가 많으나

그대는 모든 여자보다 뛰어나다.

그리고 다음날 안식일에는 회당에 모여서 성경과 랍비의 문서를 공부하거나, 아니면 랍비나 학자로부터 강해를 듣기도 한다. 그러나 역시 주된 방법은 가정에서 이루어진다. 어머니는 금요일 해가 지기 전에 깨끗한 흰색의 식탁보로 식탁을 덮는데, 그 위에 두 개의 안식일 떡을 놓아둔다. 해가 질 무렵, 곧 안식일이 시작될 때 어머니는 기도한다. 그리고 두 초에 불을 붙이면서 축복한다. "주님을 축복할지어다. 오, 우리 하나님, 곧 우주의 왕이시여, 당신은 우리에게 촛불을 켜라는 명령으로 우리를 거룩하게 하셨나이다."13)

그런데 어머니는 촛불을 혼자 켜지 않고 큰 딸과 함께 켠다.

279.
13) Ibid., 275~76.

그들이 촛불을 켜는 것은 안식일의 시작을 알리는 예식이나, 동시에 안식일을 공적으로 성별시키는 예식이다 (출 20:8). 그들에게 안식일을 영원한 유산으로 허락하신 하나님에게 감사하면서, 창세기의 말씀을 낭송한다, "하나님이 그가 하시던 일을 일곱째 날에 마치시니 그가 하시던 모든 일을 그치고 일곱째 날에 안식하시니라" (창 2:2).

촛불을 켠 후 어머니는 두 떡을 위하여 축사한다. 떡 두 개를 준비하는 이유는 이스라엘 백성이 광야에서 안식일을 위하여 만나를 두 배나 걷어 들인 사실을 기억하기 위함이었다 (출 16:22, 29). 그리고 그 두 떡을 작은 수건으로 덮어 두었는데, 그 이유는 만나를 덮은 이슬을 상징하기 위함이었다.[14] 그 안식일의 떡은 **고운 가루 떡**이라 불리었는데, 거제로 올려 드렸다 (민 15:17~21).

안식일이 끝 날 때, 곧 토요일 저녁에 아버지는 저녁 기도를 마친 후, 예식을 거행한다. 그는 두 심지가 서로 꼬인 특별한 초와 향료 한 상자와 포도주가 넘치는 잔을 준비한다. 그리고 선지자 엘리야에게 "다윗의 자손 메시야"가 속히 올 것을 기원한다. 그리고 연이어서 "거룩한 것과 세속적인 것, 이스라엘과 이방인, 안식일과 평일을 구분하여 주신" 하나님에게 감사한다. 포도주 잔을 돌리면서 받침 접시에 넘친 포도주로 촛불을 끈다.

안식일 예배를 마치면서 아버지는 시편 91편 5~6절을 낭독한다: "너는 밤에 찾아오는 공포와 낮에 날아드는 화살과 어두울 때 퍼지는 전염병과 밝을 때 닥쳐오는 재앙을 두려워하지 아니하리로

---

14) Ibid., 278.

다." 왜 이런 말씀으로 안식일을 마치는가? 그 이유는 간단하다! 그들이 다시 세상으로 돌아가서 세속적인 일에 매진할 때, 갖가지 유혹과 시험이 그들을 공격할 수 있기 때문이었다. 밤낮을 가리지 않고 그들을 공격해 오는 모든 악의 세력에서 보호되기를 원하기 때문이었다. 그뿐 아니라 향료의 냄새는 그들을 세상의 물결에서 지켜줄 것이다.[15]

안식일과 예수님

예수님은 안식일을 지키실 뿐 아니라, 안식일의 의미를 새로운 차원에서 해석하셨다. 안식일의 의미를 새롭게 해석하신 사건은 요한복음에서 찾을 수 있다. 헛된 소망을 가지고 38년이나 지낸 병자가 있었다. 이 병자는 어떤 의미에서 어느 유대인보다 안식일을 더 철저히 지켰다. 왜냐하면 38년이란 긴 세월 동안 1,000규빗의 거리를 걸은 적이 없기 때문이다. 그는 안식일뿐만 아니라 매일이 안식일인양 움직이지 못하며 한 곳에 누워 있었다.[16]

예수님은 이 병자를 고치셨는데, 그날도 역시 안식일이었다. 예수님은 그 병자를 고치심으로 육체적으로는 안식일의 규율을 억지로라도 지켰으나, 내적으로 누리지 못했던 안식을 주셨던 것이

---

15) Ibid., 275~77.
16) 홍성철, 『현대인을 위한 복음전도의 성경적 모델: 예수님의 개인 전도 방법』, 2쇄 (서울: 도서출판 세복, 2005), 138.

다. 그러나 안식일의 규율을 외적으로 어겼다면서 유대인들은 벌 떼 같이 일어나서 예수님을 비난하였다. 틀림없이 **묶기**와 **풀기**라는 안식일의 규율을 어겼다는 죄목으로 비난했을 것이다. 그들의 비난은 안식일에 행한 **일**, 곧 병을 고친 **일** 때문이었다 (요 5:16).

예수님은 **일**을 강조하면서 다음과 같이 해명하셨다, "내 아버지께서 이제까지 **일**하시니, 나도 **일**한다" (요 5:17). 이 해명에서 가장 두드러진 내용은 역시 **일**이다. 쉼과 예배를 강조하는 안식일에 **일**이 강조되었다는 것은 너무나 분명한 역설(逆說)임에 틀림없다. 후에 예수님은 이 사건을 다시 언급하시면서 그 병을 고치신 **일** 때문에 유대인들이 그를 죽이려 한다고 말씀하셨다, "너희가 어찌하여 나를 죽이려 하느냐?....내가 한 가지 일을 행하매 너희가 다 이로 말미암아 이상히 여기는도다" (요 7:19, 21).

또 다른 안식일에 예수님은 어느 장님의 눈을 뜨게 하신 일이 있었다. 제자들은 그 사람이 장님이 된 이유를 물었을 때 이렇게 대답하시면서 역시 **일**을 강조하셨다, "이 사람이나 그 부모의 죄로 인한 것이 아니라 그에게서 하나님이 하시는 **일**을 나타내고자 하심이라. 때가 아직 낮이매 나를 보내신 이의 **일**을 우리가 하여야 하리라. 밤이 오리니 그때는 아무도 **일**할 수 없느니라" (요 9:3~4).

이 말씀에 의하면, 하나님은 다시 **일**을 하고 계셨다. 첫 인간 아담이 불순종한 후 인간은 그 죄의 대가로 많은 문제로 시달렸는데, 그 가운데는 질병도 있었다. 장님으로 태어난 사람은 빛의 역사가 필요했다. 마침내 그를 위하여 하나님은 **일**을 하셨던 것이다. 마찬가지로, 원죄의 결과 38년씩이나 고통 중에 있던 병자도 역시 하나님의 **일**이 아니면 치료가 불가능한 심각한 상태였다.

안식일의 주인이신 예수님은 참 안식을 모르던 38년 된 병자도 고쳐 주시고 안식도 주셨다. 그리고 그 병을 죄와 연관시킴으로, 그 병자가 육체적으로나 정신적으로 안식을 누리지 못한 이유가 바로 죄에 있음을 알려 주셨다. "보라, 네가 나았으니 더 심한 것이 생기지 않게 다시는 죄를 범하지 말라"(요 5:14). 이 말씀에 의하면 질병은 죄의 결과이며, 따라서 예수님이 병을 고침으로 죄의 문제도 해결하셨다는 것을 보여 주셨다.[17]

결국, "내 아버지께서 이제까지 일하시니, 나도 일한다"는 가르침은 예수님이 이 세상에 오신 목적을 알려 주신 말씀이었다.[18] 예수님은 죄 때문에 참 안식 없이 안식일을 지키는 사람들에게 진정한 안식을 주시기 위하여 안식일에 **일**하셨다. 그 **일**은 한 마디로 재창조, 곧 구속의 **일**이었다.[19] 그렇지 않다면 이렇게 말씀하실 리가 없었다, "아버지께서 죽은 자들을 일으켜 살리심 같이 아들도 자기가 원하는 자들을 살리느니라"(요 5:21).

---

17) 이곳에서는 질병의 원인이 죄이지만, 그렇다고 예수님은 모든 질병의 원인이 죄라고 말씀하지 않으셨다. 오히려 "더 심한 것"을 피하기 위하여 죄를 범하지 말라고 하셨는데, "더 심한 것"은 죄의 결과인 영원한 심판을 의미하셨을 것이다. Andreas J. Köstenberger, *John: Baker Exegetical Commentary on the New Testament*, Robert Yarbrough & Robert H. Stein 편집 (Grand Rapids, MI: Baker Academic, 2004), 182.

18) 본문에서 하나님과 예수님의 일은 인간을 죄와 죽음에서 건져내어 영생으로 인도하는 것이다. 이를 위하여 다음을 보라, George R. Beasley-Murray, *John*, 2nd ed., *Word Biblical Commentary*, 제36권, Ralph P. Martin 편집 (Nashville, TN: Thomas Nelson Publishers, 1999), 74.

19) Yee, *Jewish Feasts and the Gospel of John*, 44.

이처럼 분명한 일과 말씀에도 불구하고, 안식일의 규율에 얽매여 안식일의 주인이신 예수님을 거부할 뿐 아니라 죽이려는 사람들은 그 책임을 피할 수 없다. 그런 이유 때문에 예수님은 재창조의 역사를 말씀하신 직후 바로 심판을 언급하셨다 (요 5:22). 안식일에 38년 된 병자뿐 아니라, 장님의 눈을 뜨게 하신 구세주를 거부한 사람들이 받을 당연한 심판이다. 예수님의 말씀대로이다, "…. 본다고 하니 너희 죄가 그대로 있느니라" (요 9:41).

안식일과 주일

십계명 중 네 번째인 안식일 계명은 이스라엘 백성에게는 너무나 중요하다. 얼마나 중요한지 그들은 일주일에 한 번씩 안식일을 지켰다. 그것도 단순하게 지키기만 한 것이 아니라, 여러 가지 규율에 따라 지켰다. 그 배경은 위에서 본 것처럼 하나님의 창조와 연관이 있었다. 하나님은 엿새 동안 삼라만상(森羅萬象)을 창조하시고, 일곱째 날에 안식하셨다. 그러니까 이스라엘 백성은 그 과거를 돌이켜 보면서 안식일을 지켰다.

그러나 신약성경의 그리스도인들은 안식일 대신 주일을 지키기 시작하였다. 그들은 주일에 모여서 떡을 떼며 예배를 드렸다. "그 주간의 첫 날에 우리가 떡을 떼려 하여 모였더니…" (행 20:7). 그들이 주일에 모여서 예배를 드리는 가운데 헌금도 하였던 사실을 볼 수 있다, "매주일 첫날에 너희 각 사람이 수입에 따라 모아

두어서 내가 갈 때에 연보를 하지 않게 하라"(고전 16:2).

그렇다면 왜 신약성경의 그리스도인들은 안식일 대신 주일을 지켰는가? 그 이유도 간단하다! 인간의 대속을 위하여 십자가에 죽으신 예수 그리스도가 주일, 곧 안식 후 첫날에 부활하셨기 때문이다. 그 부활의 증거 때문에 요한은 밧모 섬에 유배된 적이 있었다. 그의 증거를 확증이나 하듯, 주님의 부활을 기념하는 "주의 날"에 부활의 주님이신 예수 그리스도가 요한에게 나타나셨다 (계 1:10).

결국, 신약성경의 그리스도인들은 구약성경의 유대인들과는 달리 주일을 지킴으로 창조의 안식이 아니라, 재창조의 안식을 누렸다. 주님의 부활은 많은 사람들에게 죄의식에서의 해방과 마음의 평안을 제공하였다. 그리고 그 평안은 주님이 재림하실 때 영원한 것이 될 것이다. 그런 까닭에 그리스도인들은 주일을 지킴으로 주님의 재림과 재창조의 완성을 기다리는 미래지향적이며 종말적인 신앙을 드러낸다.[20]

---

20) Timothy C. Tennent, *Word Made Flesh!: Reflections on the Incarnation* (Wilmore, KY: Asbury Theological Seminary, 2009), 41.

유월절

레위기 23장에서 처음 제시된 절기는 유월절이다. 유월절은 무교절과 첫 단의 절기와 더불어 봄의 절기를 이루는 3절기 가운데 하나이다. 그런데 본문에서는 유월절을 소개하기 전에 2절에서 이미 언급된 말씀이 반복된다, "이것이 너희가 그 정한 때에 성회로 공포할 여호와의 절기들이니라" (레 23:4). 그러면 왜 똑같은 말씀이 이처럼 반복되는가? 지금부터 안식일 이외에 7대 절기를 본격적으로 소개하겠다는 의도 때문이다.[1]

역사적 배경

레위기 23장 5절은 이렇게 시작한다, "첫째 달 열나흗날 저녁은 여호와의 **유월절**이요." 이 유월절은 이스라엘 백성이 애굽에서 살다가 해방된 데서 유래되었다. 이스라엘 백성은 그들의 조상 요셉

---

1) Roy Gane, *Leviticus, Numbers of The NIV Application Commentary* (Grand Rapids, MI: Zondervan, 2004), 388.

때문에 애굽에 들어가서 살게 되었다. 그러나 세월이 지나면서 그들은 애굽의 종이 되었고, 따라서 그들의 삶은 말할 수 없이 고통스러웠다 (출 1:12~14). 마침내 그들은 하나님에게 부르짖었고, 하나님은 그들의 기도를 들으시고 간섭하셨다 (출 2:23~25).

하나님은 모세를 지도자로 세우시고 그를 애굽 왕 바로에게 보내셨다. 모세를 통하여 바로에게 전하신 하나님의 말씀은 이스라엘 백성을 애굽에서 내보내라는 것이었다 (출 5:1). 그러나 바로는 그 하나님의 말씀을 거절했을 뿐 아니라, 한 발 더 나아가서 하나님의 실존조차 거부했다 (출 5:2). 이런 부정적인 반응에 대하여 하나님은 잠잠하실 수 없으셨다. 만일 아무런 반응도 하지 않으셨다면, 그 하나님은 이스라엘의 구원자가 아니셨다.

하나님은 바로와 애굽 백성에게 당신이 이스라엘 백성을 구원할 수 있는 하나님이시라는 사실을 알려 줄 필요가 있었다. 하나님은 여러 번 바로와 애굽 백성에게 경고를 주셨는데, 그 경고는 재앙을 포함한 것이었다. 바로와 애굽 백성은 언제라도 하나님의 실존과 능력을 인정할 수 있었다. 왜냐하면 그들에게 내려진 재앙은 소극적인 방법이긴 했지만, 그래도 하나님의 능력을 과시하기에 충분했기 때문이었다 (출 9:14~16).

하나님의 재앙은 피로 시작하여 피로 끝나는 처참한 것이었다. 첫째 재앙은 물이 피가 되는 것이었고, 그리고 마지막은 애굽의 모든 장자와 동물의 첫 새끼가 죽는 재앙이었다. 모두 열 가지나 되는 재앙은 점증적(漸增的)으로 죽음을 향해 무섭게 진행되었다. 만일 애굽의 바로와 백성이 이처럼 엄중한 하나님의 경고를 진작 받아들였다면 장자의 죽음까지 내몰리지 않았을 것이다. 그러나 그들의 오만과 편견은 그들을 죽음의 구렁텅이로 내몰았다.

그날 밤은 애굽의 모든 장자와 동물의 첫 새끼가 하나님의 심판 아래 죽어가는 날이었다. 음산한 그날 밤 죽음의 천사가 애굽을 찾아와서 장자와 동물의 첫 새끼의 생명을 거두는 동안, 이스라엘 백성에게 일어난 일은 놀라운 것이었다. 그 백성은 하나님의 장자로서 하나님의 총애를 받았다 (출 4:22). 비록 애굽의 장자가 죽더라도 이스라엘의 장자는 죽어서는 안 되었다. 그런 이유 때문에 하나님은 어린 양을 대신 죽임으로 이스라엘의 장자를 살리셨던 것이다.

유월절의 제정

이렇게 대신 죽은 어린 양이 바로 유월절의 양이었다. 물론 이 유월절의 양은 이스라엘의 장자를 살리기 위하여 죽었지만, 그 죽음은 동시에 애굽 백성에게 임할 죽음에 대한 확실하면서도 엄중한 경고가 되었다. 유월절의 제정은 너무나 중요한 역사적 사건이기에 그 제정의 과정을 꼼꼼히 살펴보는 것은 중요하다.

여호와께서 애굽 땅에서 모세와 아론에게 일러 말씀하시되, "이 달을 너희에게 달의 시작 곧 해의 첫 달이 되게 하고, 너희는 이스라엘 온 회중에게 말하여 이르라. 이 달 열흘에 너희 각자가 어린 양을 잡을지니, 각 가족대로 그 식구를 위하여 어린 양을 취하되, 그 어린 양에 대하여 식구가 너무 적으면 그 집의 이웃과 함께 사람 수를 따라서 하나를 잡고, 각 사람이 먹을 수 있는 분량에 따라서 너희 어린 양을 계산할 것이며, 너희 어린 양은 흠 없고 일 년 된 수컷으로 하되, 양이나 염소 중에서 취하고, 이 달 열나흗날까지 간직하였다가 해 질 때에 이스라엘 회중이 그 양을 잡고, 그 피를 양을 먹을 집 좌우 문설주와 인방에 바르고, 그 밤에 그 고기를 불에 구워 무교병과 쓴 나물과 아울러 먹되, 날것으로나 물에 삶아서 먹지 말고, 머리와 다리와 내장을 다 불에 구워 먹고, 아침까지 남겨두지 말며, 아침까지 남은 것은 곧 불사르라. 너희는 그것을 이렇게 먹을지니, 허리에 띠를 띠고, 발에 신을 신고, 손에 지팡이를 잡고 급히 먹으라. 이것이 여호와의 유월절이니라. 내가 그 밤에 애굽 땅에 두루 다니며, 사람이나 짐승을 막론하고 애굽 땅에 있는 모든 처음 난 것을 다 치고, 애굽의 모든 신을 내가 심판하리라. 나는 여호와라. 내가 애굽 땅을 칠 때에 그 피가 너희가 사는 집에 있어서 너희를 위하여 표적이 될지라. 내가 피를 볼 때에 너희를 넘어가리니, 재앙이 너희에게 내려 멸하지 아니하리라. 너희는 이 날을 기념하여 여호와의 절기를 삼아 영원한 규례로 대대로 지킬지니라."

출애굽기 12:1~14

위에 인용된 하나님의 말씀에서 다음과 같은 몇 가지 중요한 사실을 찾을 수 있다. 첫째, 유월절이 제정된 달이 첫 달, 곧 1월이 되어야 한다. 이미 앞 장에서 살펴본 것처럼, 이스라엘에는 두 가지 달력이 있는데, 곧 신력과 민력이다. 그러니까 유월절은 신력의 첫 달에 제정되었다. 그 달로 첫 달이 되게 한 이유는 이스라엘 백성이 유월절을 통하여 출애굽을 경험했을 뿐 아니라, 독립 국가로 발돋움하였기 때문이다.

둘째, 유월절을 위하여 한 마리의 양이 필요했다. 물론 그 양은 까다로운 조건을 통과해야 했는데, 우선, 그 양은 일 년 된 수컷이어야 했다. 다시 말해서, 그 양은 아직 새끼를 낳기 위하여 교미를 한 적이 없는 수컷이라는 의미이다. 그 당시 유대인은 일 년이 차기까지 교미를 시키지 않았는데, 그 이유는 건실한 새끼를 낳게 하기 위함이었다. 그 양은 흠이 없어야 했다. 만일에 그 양에게 어떤 흠이라도 발견되면 그 양은 유월절의 양이 될 수 없었다.[2]

셋째, 유월절 양은 그 달 10일에 선발되어서 14일까지 간직해야 한다. 14일에 그 양을 죽여서 그 피를 문 좌우 기둥 위에와 인방 위에 뿌려야 했다. 그것도 아무렇게나 뿌리는 것이 아니라, 우슬초 묶음으로 피에 적시어서 뿌려야 했다 (출 12:22). 그렇게 어린 양은 이스라엘의 장자를 위하여 대신 죽었다. 그 양은 흠이 없는 수컷이기에, 그리고 바로 그때에 나이가 일 년 되었기에 죽었다.

넷째, 그 양의 피를 문에 바른 가족은 문 안으로 들어가서 나오

---

2) 양이 흠이 없어야 되는 것은 제물의 규정에서도 볼 수 있다: "눈 먼 것이나 상한 것이나 지체에 베임을 당한 것이나 종기 있는 것이나 습진 있는 것이나 비루먹은 것을 여호와께 드리지 말며...소나 양의 지체가 더하거나 덜하거나...고환이 상하였거나 치었거나 터졌거나 베임을 당한 것은 여호와께 드리지 말며..." (레 22:22~24). 실제로 흠이 있는 제물에 대하여 꾸지람을 들은 적도 있었다, "....너희가 눈 먼 희생제물을 바치는 것이 어찌 악하지 아니하며 저는 것, 병든 것을 드리는 것이 어찌 악하지 아니하냐?" (말 1:8).

지 말아야 했다. 집안에서 그들은 그 양을 통째로 불에 구워 무교병과 쓴 나물과 함께 먹어야 했다. 그들이 양고기를 무교병과 쓴 나물과 함께 먹는 이유는 그들이 애굽에서 종 노릇 하며 당한 고난을 기억하기 위함이었다 (신 16:3). 그들은 고기를 집 밖으로 내보낼 수도 없었고, 또 그 양의 뼈를 꺾을 수도 없었다 (출 12:46).

다섯째, 만일 그 식구가 너무 적어서 양의 고기를 다 먹기가 버거우면, 그들은 다른 식구들을 초청할 수 있었다. 이 사실은 구원의 역사에서 중요한 계시였다. 왜냐하면 지금까지는 양 한 마리가 한 사람을 위하여 죽었는데, 이제부터는 양 한 마리가 한 가족을 위하여 죽었다. 그 가족의 수가 적으면 이웃을 동참시킬 수 있었다. 건실한 양 한 마리를 열 명이 먹을 수 있었다면, 양 한 마리가 열 명을 위하여 죽는 셈이었다.3)

여섯째, 이스라엘 백성은 여행할 준비를 하면서 유월절에 참여해야 했다. 그들은 "허리에 띠를 띠고 발에 신을 신고 손에 지팡이를 잡고 급히" 먹어야 했다. 그들은 애굽에서 430년이란 긴 세월을 보냈다. 이제 그 고통의 기간을 끝내고 그들은 애굽을 떠나야 했다. 그들의 여행은 과거에 대한 종지부요, 미래에 대한 시작이었다. 그들은 애굽을 떠날 준비를 하면서 유월절에 참여하였던 것이다.

---

3) 이 계시는 확대되어 속죄일에는 양이나 염소가 이스라엘 민족을 위하여 죽었고, 신약성경에서는 온 세상을 위하여 어린 양이신 예수님이 죽으셨다. 이를 위하여 다음을 보라, 홍성철, "원형복음," 『교수논총』 제11집 (2000): 746.

유월절의 시행

그날 밤은 문자 그대로 눈물의 밤이었다. 마침내 죽음의 천사가 애굽 백성의 장자와 동물의 첫 새끼를 죽였을 때, 애굽 사람들 사이에는 큰 통곡이 있었다 (출 12:30). 반면에 이스라엘 백성에게는 다른 종류의 눈물이 있었을 것이다. 그토록 오랫동안 억압과 고통을 준 사람들이 심판을 받았기 때문이고, 또한 그토록 오랫동안의 억압과 고통에서 해방되는 날이 마침내 이르렀기 때문이다.

그날 밤 애굽 사람과 이스라엘 백성으로부터 눈물을 자아낸 것은 죽음과 생명이었다. 생사를 가늠한 것도 역시 죽음과 생명이었다. 애굽 백성은 하나님의 말씀을 거부하고 양을 죽이지 않았기에 죽음을 당했다. 그러나 이스라엘 백성은 어린 양을 죽였기에 생명을 얻었다. 이스라엘 백성은 그 양의 피를 문에 뿌렸고, 그 피 때문에 죽음을 면할 수 있었다.

그 이유는 간단하다! 죽음의 천사가 그 뿌린 피를 보고 그 집을 넘어갔기 때문이다. 다시 말해서, 피가 뿌려진 집은 심판하지 않고 지나갔기 때문이다. 결국 유월절(逾越節)은 문자 그대로 넘어가는 절기(passover feast)였다.4) 하나님이 넘어가겠다고 약속하신 대로였다. 이스라엘 백성이 할 일은 약속의 하나님을 믿고 어린 양의 피를 문에 바르는 것이었다. 그 피가 **표적**이 되었던 것이다 (출 12:13).

물론 문에 뿌린 그 어린 양의 피가 표적이 되었다는 것은 하나님의 사자인 죽음의 천사를 위한 것이었다. 그러나 애굽의 종교를

---

4) 히브리어로는 페사흐(פסח)이다.

조금만 들여다보면 그 표적의 의미는 더 깊어질 수 있다. 애굽 사람들에게 수컷 양은 매우 중요한데, 그 까닭은 그들이 섬기는 수컷 양 신 때문이었다. 아몬(Amon)이라 불리는 이 신은 신 중의 신이요 하늘과 땅에 있는 모든 생명의 근거라고 여겨졌다.[5]

애굽 사람들은 그 신을 함부로 만지지 못하는 것은 물론, 그 동물을 죽이거나 먹을 수 없었다. 그리고 아몬 신은 특히 1월에 그 능력이 절정에 이른다고 여겨졌다.[6] 이런 종교적 믿음을 가지고 있는 애굽 사람들 앞에서 하나님은 수컷 양을 잡아서 불에 구워 먹으라고 하셨다. 이런 행위는 한편 하나님에 대한 순종의 표시이나, 또 한편 애굽 사람들에게는 큰 도전일 수밖에 없었다. 결국, 유월절은 애굽의 신에 대한 하나님의 심판이기도 했다 (출 12:12).

유월절을 통한 이스라엘의 구원은 하나님 편에서는 사랑의 역사였으나, 이스라엘 백성 편에서는 해방의 역사였다. 이처럼 귀중한 역사를 손쉽게 잊을 수도 없고, 또 잊어서도 안 되었다. 그런 이유 때문에 하나님은 "너희는 이 날을 기념하여 여호와의 절기를 삼아 영원한 규례로 대대로 지킬지니라"고 명령하셨다 (출 12:14). 이 명령에 따라 이스라엘 백성은 유월절을 지켰다 (수 5:10~11).

성막이 세워진 후에는 이스라엘 백성이 그 성막을 중심으로 유월절을 지켰다. 그들 가운데 있는 성막에서 일 년에 한 번씩 유월절을 지키는 것은 어렵지 않았다. 솔로몬의 성전이 세워진 후 어

---

5) Kevin Williams, *The Holidays of God: Spring Feasts* (Grand Rapids, MI: RBC Ministries, 2000), 7.
6) Ibid., 7~8.

떤 사람에게는 성전까지의 거리가 멀었지만, 그들에게는 거리가 문제가 되지 않았다. 그들은 성전으로 가서 양을 잡아 유월절을 지켰다. 이런 연례행사는 주후 70년까지 계속되었다.

유월절 양의 대치

주후 70년은 이스라엘 백성에게 종교적으로 많은 변화를 가져 오게 했다. 그 해에 로마 군대는 예루살렘을 점령했을 뿐 아니라, 이스라엘 백성이 그처럼 중요시하는 성전을 완전히 헐어버렸다. 졸지에 이스라엘 백성은 영적 생활의 중심을 잃었다. 그들은 더 이상 성전으로 가서 예배를 드릴 수 없었을 뿐 아니라, 유월절도 지킬 수 없게 되었다. 그들에게는 더 이상 양을 잡아 제물로 드릴 수 있는 성전이 없었기 때문이다.

그러면 이스라엘 백성은 유월절을 지키라는 하나님의 명령을 무시했단 말인가? 하나님은 "해마다 절기가 되면 이 규례를 지킬 지니라"고 분명히 명령하셨다 (출 13:10). 그뿐 아니라 하나님은 유월절 예식을 하나님의 장소, 곧 성전에서 지키라고 명령하셨다: "여호와께서 자기의 이름을 두시려고 택하신 곳에서 소와 양으로 네 하나님 여호와께 유월절 제사를 드리되" (신 16:2). 그런데 그 장소가 없어졌던 것이다.

이스라엘 백성에게는 성전만 없어진 것이 아니었다. 그들에 는 유월절 양을 잡아 예식을 거행할 제사장도 없어졌다. 제사장과 성전을 잃은 이스라엘 백성은 유월절을 대대로 지키라는 하나님의 명령을 받들기 위하여 새로운 방법을 모색할 수밖에 없었다. 그 방법은 양 대신 무교병, 곧 누룩이 들어 있지 않은 떡을 준비하는 것이었다. 가정마다 무교병을 만들어 먹으면서 유월절을 지키기 시작했다.

그러면 그들이 양 대신 무교병을 택한 정당한 이유라도 있단 말인가? 그 이유는 역시 그들의 조상이 애굽에서 나오던 날 밤의 사건 때문이었다. 장자를 잃은 애굽 사람들이 이스라엘 백성을 급하게 내보내려 했기에 그들은 성급하게 떠날 수밖에 없었다. 그들은 너무 급한 나머지 "그 백성이 발교 되지 못한 반죽 담은 그릇을 옷에 싸서 어깨에 메고" 애굽을 떠났다 (출 12:34). 그들은 유월절에 가지고 나온 발교 되지 못한 떡, 곧 무교병을 유월절 양 대신 먹었다.

대치된 유월절 예식

각 가정마다 지키는 유월절 예식의 내용과 순서는 세월이 지나면서 그리고 지역에 따라 약간씩 바뀌기도 했지만, 그래도 근본적으로는 다음과 같은 골격을 유지하고 있다. 먼저, 가장이 식탁 머리에 앉고, 그 우편에는 막내아들과 좌편에는 손님이 앉는다. 어머니는 두 촛대에 불을 붙이고, 축복기도를 한다: "우주의 왕이시여, 하나님 여호와이신 당신을 축복합니다. 당신은 말씀으로 우리를 성별하셨으니, 당신의 이름으로 빛을 밝힙니다."7)

여호와의 사중적인 구속의 약속을 기념하기 위하여 잔 넷이 준비된다. 그 약속을 성경에서 찾아보자, "....내가 애굽 사람의 무거운 짐 밑에서 너희를 빼내며"; "그들의 노역에서 너희를 건지며"; "편 팔과 여러 큰 심판들로써 너희를 속량하여"; "나는 애굽 사람의 무거운 짐 밑에서 너희를 빼낸 너희의 하나님..." (출 6:6~7). 가장은 구속의 기쁨을 상징하는 포도주를 첫 잔에 따른 후 하늘을 향해 높이 들고 그날을 성별시키는 기도를 올린다. 이때 모든 사람은 자리에서 일어난다.

세 번째 순서는 손을 씻는 예식이다. 가족 중 한 사람이 물 주전자, 사발 및 수건을 모든 사람에게 돌리면서 손을 씻게 한다. 이제부터 그들이 음식에 손을 데기 위하여 준비하는 상징적인 예식이다. 네 번째는 초록색 이파리를 소금물에 찍어서 먹는데, 이 파리는 봄의 계절을 그리고 소금물은 고난의 눈물을 각각 상징한다. 이스라엘 백성이 애굽에서 종 노릇 하며 흘린 고통의 눈물을 상징한다.

다섯 번째 순서는 가장이 준비된 세 무교병 중 가운데 있는 무교병을 반으로 자른 후, 반은 원위치로 그리고 다른 반은 수건으로 싸서 베개 밑에 숨긴다. 이때 자녀들은 숨기는 곳을 알지 못하도록 눈을 감는다. 여섯 번째로 출애굽기 12장 26절의 말씀, "너희 자녀가 묻기를 이 예식이 무슨 뜻이냐?"를 이루기 위하여 가족 중

---

7) Howard & Rosenthal, *The Feasts of the Lord*, 54. 앞으로 나오는 모든 유월절 예식은 이 저서에 근거한 것이다.

가장 나이가 어린 자녀가 다음의 네 가지 질문을 암송하게 한다:

1. 다른 날에는 우리가 유교병이든 무교병이든 자유롭게 먹는데, 왜 오늘 밤에는 무교병만 먹습니까?
2. 다른 날에는 우리가 각종의 채소와 식물을 먹는데, 왜 오늘 밤에는 쓴 나물만 먹습니까?
3. 다른 날에는 우리가 채소를 물이나 그 같은 것에 찍지 않는데, 왜 오늘 밤에는 이파리를 소금물에 찍으며 쓴 나물을 샤롤레(과일과 향료를 섞어서 만든 초와 같은 것)에 찍어 먹습니까?
4. 다른 날에는 우리가 앉아서 먹든지 누워서 먹든지 자유인데, 왜 오늘 밤에는 모두 누워서 먹어야 합니까?

이 질문들에 대한 대답은 다음의 순서에서 자세히 주어진다. 여기에서는 이 질문들과 직접적으로 관련된 대답만 주어진다.[8]

일곱째 순서는 두 번째 잔에 포도주를 따른 후 그들의 조상이 겪었던 일들을 파노라마식으로 설명해 준다. 아브라함으로부터 시작해서 이삭과 야곱의 이야기, 요셉과 그 형제들의 이야기, 그들이 애굽으로 내려간 이야기, 모세를 통한 출애굽의 이야기, 열 가지 재앙의 이야기, 처음으로 시행된 유월절의 이야기, 율법이 주어진 이야기 등이 들려진다. 그리고 시편 113~118편을 교독한 후 잔

---

8) 여기에서 설명된 내용을 위하여 다음을 보라: William W. Francis, *Celebrate the Feasts of the Lord: The Christian Heritage of the Sacred Jewish Festivals* (Alexandria, VA: Crest Books, 1997), 21~22.

을 비운다.9)

여덟 번째로 그들은 다시 손을 씻고, 위에 있는 무교병과 가운데 있는 반개의 무교병을 조각내서 모든 사람에게 돌린다. 모든 사람은 그것을 사과즙에 찍어서 먹는데, 이것은 쓰디쓴 노예 생활에서 경험한 구속의 달콤한 맛을 상징한다. 아홉 번째로 그들은 저녁을 먹는데, 예수님 당시에는 저녁이 구운 양이었다. 그러나 유대인들은 생선, 국, 닭, 감자, 당근, 과일 및 케이크 등을 먹는다.

열 번째로 그들은 세 번째 포도주 잔을 마시는데, 그 잔은 "구속의 잔"이라 불린다. 그 이유는 유월절을 통하여 그들을 애굽에서 건져 내신 하나님이 보내 주실 메시야를 기다리면서 부른 이름이다. 이 셋째 잔을 비운 후 자녀 중 하나가 대문에 가서 선지자 엘리야가 왔는지를 확인한다. 만일 왔다면 집안으로 모시고 들어와서 함께 잔을 나눈 후 그로 하여금 메시야의 임재를 선언하게 하기 위함이다.

열한 번째로 그들은 네 번째 포도주 잔을 비운다. 이렇게 예식을 마친 후 그들은 보통 찬송을 한 곡 부른다. 그리고 **할렐**의 후반인 시편 115~118편을 교독하면서 모든 예배를 마친다. 그들은 하나님이 그들이 드린 유월절 예배를 기쁘게 받으셨다는 확신을 가지고 기쁜 마음으로 모든 순서를 마친다.10)

---

9) 시편 113~118편을 **할렐**(Hallel)이라 불리는데, **할렐**은 히브리어로 찬송이다. 이를 위하여 Howard & Rosenthal, *The Feasts of the Lord*, 57을 보라.

10) Epstein, *All about Jewish Holidays and Customs*, 62.

유월절과 성찬식

이미 살펴본 대로, 유월절 양 대신에 무교병이 사용되었고, 성전에서의 예식이 가정에서의 예식으로 대체되었다. 마찬가지로, 신약성경에서는 유월절 예식이 성찬식으로 대체되었다. 그렇게 대체되면서 그 의미를 확대하신 분은 바로 예수 그리스도이셨다. 유대인들이 유월절을 기억하며 예식을 거행하던 그날 밤, 예수님도 역시 유월절을 기억하며 예식을 거행하셨다. 그리고 유월절의 새로운 지평을 여셨던 것이다.

유월절을 위하여 베드로와 요한은 예수님의 지시를 받아 조촐한 만찬을 준비하였는데, 곧 떡(무교병)과 잔이었다 (눅 22:8). 예수님은 무교병과 잔을 단순히 유월절의 만찬으로만 받아들이지 않으셨다. 그분은 무교병과 잔을 당신에게 적용시키셨다. 예수님은 떡을 떼어 제자들에게 나누어 주며 이렇게 말씀하셨다, "이것은 너희를 위하여 주는 내 몸이라; 너희가 이를 행하여 나를 기념하라" (눅 22:19).

그들이 떡을 먹은 후 예수님은 포도주 잔을 들고 이렇게 말씀하셨다, "이 잔은 내 피로 세우는 새 언약이니, 곧 너희를 위하여 붓는 것이라" (눅 22:20). 이렇게 선언하신 예수님의 말씀에 의하면, 유월절의 무교병과 잔은 당신의 몸이며 동시에 당신의 피라는 것이다. 지금까지 전통적으로 내려온 모든 유월절의 의미와 예식을 뒤집는 엄청난 선언이었다. 유월절을 새로운 차원에서 받아들이라는 선언이었다.

유월절은 이스라엘의 해방과 연루된 예식이었다. 다시 말해서, 유월절은 이스라엘만을 위한 절기였다. 그런 이유 때문에 이스라엘 백성은 성전이 무너진 후에도 가정에서 유월절을 엄격하게 지켰다. 그러나 예수님의 말씀—"이것은 죄 사함을 얻게 하려고 많은 사람을 위하여 흘리는 바 나의 피 곧 언약의 피니라" (마 26:28)—은 유월절이 이스라엘 백성은 물론 메시야를 믿는 모든 사람을 위한 절기라는 선언이다.

예수님이 제자들에게 나누어 주신 떡을 유월절의 무교병과 비교해 보면 그 둘이 깊이 연루되어 있다는 것을 알 수 있다. 유월절 예식의 다섯 번째 순서를 위하여 세 개의 무교병을 준비하는데, 아무도 볼 수 없도록 그 떡들을 가방에 숨겨 둔다. 예식이 한참 무르익을 때 가장(家長)은 가운데 있는 무교병을 꺼내어 둘로 자른다. 그 중 하나를 세마포 천으로 싸서 베개 밑에 감추는데, 그 떡을 **아피코멘**(afikomen)이라고 한다.11)

곧 자녀들은 그렇게 숨겨진 **아피코멘**을 찾으며, 누구든지 찾는 자는 보상을 받는다. 가장은 값을 주고 다시 산 그 **아피코멘**을 열어서 식구들에게 나누어 준다. 예수님이 "받아서 먹으라. 이것은 내 몸이니라" (마 26:26) 하시면서 제자들에게 나누어 주신 떡은 바로 이 **아피코멘**이었을 것이다. 그 무교병처럼 예수님은 깨어지고, 세마포 천으로 덮이고, 숨겨지셨다. 그분은 진정으로 우리를 위한 유월절의 떡이셨다.

유월절 예식에서 유대인은 네 개의 잔을 준비했는데, 첫째 잔은

---

11) Williams, *The Holidays of God: Spring Feasts*, 10.

"성별의 잔"으로 유월절 만찬을 성별시켰다. 둘째 잔은 "재앙의 잔"으로 애굽인들에게 내린 재앙을 상기시켰다. 셋째 잔은 "구속의 잔"으로 이스라엘 백성의 해방을 상기시켰다. 넷째 잔은 "찬양의 잔"으로 **할렐**을 부르면서 유월절 예식을 마쳤다. 그런데 여기에서 주목해야 될 잔은 물론 "구속의 잔"이었다.

예수님이 잔을 드시고, 축사하신 후, 제자들에게 나누어 주신 잔은 바로 "구속의 잔"이었다. 유대인들이 **아피코멘**을 먹은 후 포도주 잔을 나눈 것처럼, 예수님도 식후에 이 잔을 취하고 말씀하셨다, "너희가 다 이것을 마시라. 이것은 죄 사함을 얻게 하려고 많은 사람을 위하여 흘리는 바 나의 피 곧 언약의 피니라" (마 26:27~28). 이 잔은 더 이상 이스라엘 백성만을 위한 것이 아니라, 모든 죄인을 위한 "구속의 잔"이었다.

유월절과 예수님

유월절을 위하여 어린 양이 죽었다. 그 양은 일 년 되고 흠이 없는 수컷 양이었다. 그 양은 이스라엘의 장자를 위하여 대신 죽었다. 그 양의 죽음으로 인하여 죽음을 면한 식구들은 그 양을 불에 구웠다. 마른 석류나무 가지를 그 양의 입에 넣어서 뒷문으로 나오도록 집어넣었다.[1] 그리고 그 나무를 불 위에 걸쳐놓고 빙빙 돌리면서 구웠다. 뼈를 하나도 꺾지 않고 이렇게 통째로 구워서 먹었다.

어린 양

그런데 놀랍게도 신약성경의 저자는 예수 그리스도를 가리켜 어린 양이라고 불렀다. 이런 칭호는 인간적으로 볼 때 적절하지 않았다. 어떻게 인간이, 그것도 인류의 구세주이신 예수 그리스도

---

1) Benno Jacob, *Exodus: The Second Book of the Bible*, Walter Jacob 역 (Hoboken NJ: KTAV Publishing House, Inc., 1992) 306.

가 어린 양이 될 수 있단 말인가? 어느 날 메시야의 길을 예비하느라고 바빴던 세례 요한은 예수님을 보고 이렇게 외쳤다, "보라, 세상 죄를 지고 가는 하나님의 어린 양이로다" (요 1:29).

세례 요한의 이런 선언은 무엇을 의미하는가? 문자 그대로 예수 그리스도가 바로 유월절의 어린 양이라는 선언이다. 마치 유월절의 어린 양이 흠이 없어야 했던 것처럼, 예수 그리스도도 전혀 아무 흠이 없는 분이라는 선언이기도 하다. 만일 예수 그리스도에게 아무리 작더라도 흠이 조금만 있더라도 그분은 더 이상 유월절 양이 될 수 없었다.

이런 사실을 뒷받침이라도 하듯, 예수 그리스도는 동정녀에게서 태어나셨다. 만일 그분이 다른 사람들처럼 남녀의 결합으로 태어났다면, 여느 사람과 다를 바 없는 평범한 인간이요 죄인이었을 것이다. 그러나 성령의 역사로 동정녀의 몸을 빌려서 태어나신 예수 그리스도는 다른 사람들과는 달리 아무런 흠과 죄도 없으셨다. 그런 면에서 예수 그리스도는 유월절의 양이 될 수 있는 분이셨다.

유월절의 양이 아무리 흠이 없어도 역시 양인 것처럼, 예수 그리스도도 마찬가지셨다. 그분은 비록 흠이 없는 분이셨지만, 그래도 역시 인간이었다. 그러나 비록 인간이기는 하나, 흠과 점이 없는 인간이었다. 그렇지 않다면 어떻게 그렇게 의로운 삶을 영위하실 수 있으며, 그처럼 다른 사람들을 위한 삶을 영위할 수 있으셨단 말인가? 그분을 심판하던 빌라도도 그에게서 아무 죄도 찾지 못했다고 선언했다 (마 26:23; 요 19:4).

그뿐 아니었다! 예수님과 함께 십자가에서 처형을 당하던 강도의 말을 들어보자, "....이 사람이 행한 것은 옳지 않은 것이 없느니라" (눅 23:41). 비록 강도들처럼 온갖 시험과 고난을 감수하셨지만, 그분은 그래도 아무런 흠과 점도 없었다. 이런 모습을 그리기나 하듯 히브리서 저자는 다음과 같이 그분에 대하여 선언한다, "....모든 일에 우리와 한결같이 시험을 받은 자로되, 죄는 없으시니라" (히 4:15).

유월절 양은 죽음을 당해야 하는 양을 의미한다. 그런데 유월절 양이신 예수 그리스도는 죽은 지 삼 일 만에 다시 살아나셨다. 예수 그리스도가 부활하셨다는 사실은 그분이 흠과 점이 없는 분이시라는 것을 다시 한 번 증명하는 쾌거였다 (롬 1:4). 만일 그분이 자신의 죄 때문에 죽으셨다면 다시 살아나실 수 없었다. 그러나 그분의 부활은 자신의 죄 때문이 아니라, 다른 사람들의 죄를 위하여 죽으셨다는 것을 증명하고도 남는다 (롬 4:25).

부활하신 예수 그리스도를 대제사장으로 묘사한 히브리서 저자의 선언은 과연 놀랍기 그지없다, "이러한 대제사장은 우리에게 합당하니, 거룩하고, 악이 없고, 더러움이 없고, 죄인에게서 떠나 계시고, 하늘보다 높이 되신 이라" (히 7:26). 예수 그리스도는 죄인들인 우리를 하나님 앞으로 인도하실 수 있는 대제사장이시다. 왜냐하면 그분에게는 어떤 죄악이나 더러움이 전혀 없는 분이시기 때문이다.

그렇다면 세례 요한은 왜 예수 그리스도를 어린 양으로 불렀는가? 그분은 이미 나이가 30여세나 된 건장한 청년이셨다 (눅 3:23).

유월절 양은 일 년 된 수컷 양이었으며, 이처럼 일 년 된 양을 어린 양이라고 했다. 수컷 양의 문제는 간단히 해결될 수 있는데, 예수님이 남자이기에 수컷 양에 해당되고도 남기 때문이다. 그러나 일 년 된 어린 양과 30여세나 되신 예수 그리스도와는 무슨 관계가 있는가?

위에서 본 것처럼, 애굽에서 목양을 하던 이스라엘 백성은 양을 잘 낳고 잘 키우기를 원했다. 그렇게 하기 위해서는 무엇보다도 건실한 새끼를 생산하는 것이 중요했다. 그들은 건실한 새끼를 얻기 위하여 만 일 년이 차기까지는 수컷 양들이 교미를 하지 못하게 했다. 일 년이 지난 수컷 양이 건실한 새끼를 생산할 수 있다고 믿었기 때문이다. 결국, 일 년 된 수컷 양은 완전히 성장한, 그러나 장가를 가지 않은 양을 가리킨다.

그렇다면 이제 왜 예수 그리스도를 어린 양으로 불렀는지 이해가 갈 것이다. 예수님은 완전히 성장한 분으로, 건강이 넘치는 남자였다. 그분은 한 인간으로서 모든 것을 갖춘 인격자이셨다. 그러나 그분은 모든 남자가 가는 길을 그대로 가신 것이 아니었다. 그분은 결혼하지 않은 그야말로 숫총각이셨다. 그분은 가정을 이루어 행복한 삶을 추구하기 위하여 삶을 살지 않으셨다. 그분은 다른 사람들을 위하여 당신의 몸을 제물로 내놓으셨다 (히 9:12).

예수님은 그처럼 숭고한 목적을 위하여 어린 양의 역할을 감당하신 것이다. 유월절의 어린 양이 이스라엘의 장자를 위하여 죽은 것처럼, 어린 양 되신 예수 그리스도는 온 인류의 죄를 위하여 십자가에서 죽으셨던 것이다. 그런 목적을 이해한 세례 요한은 "보라, 세상 죄를 지고 가는 하나님의 어린 양이로다"라고 외친 것이다 (요 1:29). 여기에서 "세상 죄"는 유월절의 양에서 나온 개념보다는 확대된 것이다.

"세상 죄"를 짊어지고 가는 어린 양은 구약성경의 두 가지 개념을 결합시킨 것이다. 곧 유월절의 어린 양과 도살장으로 끌려가는 어린 양이다. 여기에서 도살장으로 끌려가는 어린 양은 "우리 모두의 죄악을…담당"한 고난의 종을 가리킨다 (사 53:6~7). 그 고난의 종도 어린 양으로 불렸는데, 다음과 같은 사역을 담당하셨다 (사 53:7), "그가 찔림은 우리의 허물 때문이요, 그가 상함은 우리의 죄악 때문이라" (사 53:5).

그러니까 세례 요한이 예수 그리스도를 "세상 죄를 지고 가는 하나님의 어린 양"이라고 부른 것은 두 가지를 결합한 내용이었다. 그 양은 유월절의 양처럼 흠 없는 어린 양이 이스라엘 가정의 장자만을 위해서가 아니라, 모든 죄인을 위해서도 고난을 마다하지 않는 어린 양이셨다.[2] 결국, 예수 그리스도는 유월절의 어린 양처럼 다른 사람들 대신에 죽음을 마다하지 않은 참 어린 양이셨다.

그리고 유월절의 어린 양이신 예수님은 유월절에 돌아가야 하셨다. 그 사실을 성경은 이렇게 분명히 언급한다, "그들이 예수를 가야바에게서 관정으로 끌고 가니 새벽이라; 그들은 더럽힘을 받지 아니하고 유월절 잔치를 먹고자 하여 관정에 들어가지 아니하더라" (요 18:28). 이 예수님은 유월절의 어린 양처럼 그 뼈가 하나도 꺾이지 아니했다 (출 12:46; 요 19:36).[3] 과연 예수님은 진정으로 유월

---

2) Yee, *Jewish Feasts and the Gospel of John*, 60.

절 어린 양이셨다.

죽음의 시간

이스라엘 백성이 애굽에서 나오던 날 밤, 그들은 어린 양을 죽여서 그 피를 문에 뿌렸다. 그런데 하나님은 그 양을 죽일 날짜와 시간을 분명히 알려 주셨다. 첫째는 달(月)이었다, "이 달을 너희에게 달의 시작 곧 해의 첫 달이 되게 하고" (출 12:2). 둘째는 날짜였다, "이 달 열흘에 너희 각자가 어린 양을 잡을지니" (출 12:3). 그리고 셋째는 시간이었다, "이 달 열나흗날까지 간직하였다가 해질 때에 이스라엘 회중이 그 양을 잡고" (출 12:6).

그런데 놀랍게도 유월절 어린 양이 잡히고 그리고 죽임을 당한 날짜와 시간은 유월절 어린 양이신 예수님의 죽음과 정확하게 일치한다. 예수님이 마지막으로 예루살렘으로 들어가신 날은 니산월 10일이었다. 요한복음에 의하면, 예수님은 유월절 엿새 전에 베다니에 오셨는데 (요 12:1), 유월절이 14일인 것을 감안하면 9일에

---

3) 십자가에 달린 사람은 그 몸이 아래로 늘어지게 됨으로 숨을 제대로 쉴 수 없다. 그래서 숨을 쉬기 위하여 그는 발꿈치로 몸을 들어올린다. 그러므로 무릎을 자르면 숨을 쉴 수 없어 빨리 죽게 된다. 유대인들은 유월절에 참여하기 위하여 예수님의 무릎을 꺾으려 했으나 이미 돌아가셨기에 그렇게 할 필요가 없었다. 결국 성경대로 그 뼈가 하나도 꺾이지 않으셨다. 이를 위하여 다음을 보라, Richard Booker, *Celebrating Jesus in the Biblical Feasts* (Shippenburg, PA: Destiny Image Publishers, Inc., 2009), 43~44.

오신 것이다. 그리고 그 이튿날, 곧 10일에 예수님은 예루살렘으로 들어가셨다 (요 12:12).

물론 예수님이 10일에 예루살렘으로 들어가신 것은 유월절 양으로서 죽임을 당하시기 위해서였다. 이것은 이스라엘 백성이 1월 10일에 어린 양을 취한 것과 하루도 틀리지 않고 정확하게 일치하는 대목이다.4) 그날 예수님은 구약성경에서 예언된 메시야인양 나귀를 타고 예루살렘으로 들어가셨다 (슥 9:9). 그리고 많은 사람들은 그분을 환영하면서 정치적인 메시야일 줄로 기대했었다. 그러나 예수님은 그들이 기대하던 그런 메시야가 아니셨다.

흥미로운 사실은 유월절의 어린 양이 10일에 잡혀서 14일에 죽임을 당했는데, 왜 5일씩이나 죽음을 기다리게 했는가 하는 것이다. 그 양이 과연 흠이 없는 수컷 양인지, 그리고 확실히 일 년 된 양인지 세밀하게 검토되기 위함이었다. 이 양은 이스라엘 백성의 장자를 위하여 죽을 양이었다. 그 양은 하나님에게 제물로 드려지기 위하여 조금이라도 부족한 데가 있어서는 안 되었다.

그렇다면 유월절의 양이신 예수 그리스도는 무엇 때문에 5일 전에 예루살렘으로 들어가셨는가? 그 이유도 분명하다! 그 기간 동안 세밀하게 검토되기 위함이었다. 그분은 이스라엘 백성의 장자만 아니라, 온 인류의 죄와 심판을 짊어지고 하나님에게 드려질

---

4) 그런데 달라스신학교(Dallas Theological Seminary)의 신약성경 교수인 대니얼 월리스(Daniel B. Wallace)에 의하면, 예수 그리스도가 돌아가신 해는 주후 33년이고, 그해 1월 10일은 월요일이었다는 것이다. 이를 위하여 다음을 보라, http://bible.org/article/passover-time-Jesus: "Passover in the Time of Jesus" by Daniel B. Wallace.

희생 제물이었다. 그런 막중한 사명을 감당할 어린 양은 사람들 앞에서나 하나님 앞에서 흠이 있어서는 아니 되었다.

그러면 누가 예수님을 면밀히 관찰하고 시험했는가? 그 임무를 자청하고 나선 사람들은 유대교의 지도자들이었다. 유대교 지도자들은 다른 사람들을 율법으로 시험하고 또 흠을 잡아내는 데에는 누구보다도 뛰어난 사람들이었다. 바리새인들과 사두개인들인 그들은 예수님에게 갖가지 어려운 질문들을 던지면서 흠을 잡아내려고 혈안이 되어 있었다. 그러나 아무도 그리고 어떤 질문을 통해서도 그분의 흠을 찾지 못했다 (마 22:34, 46).

유대교 지도자들은 그들의 방법이 소진(消盡)되자 최후의 수단으로 예수님을 빌라도에게 보냈다. 로마 총독인 빌라도는 죄인을 능란하게 다루는 통치자였다. 그는 한편 회유로, 또 한편 채찍으로 예수님을 다루면서 흠을 찾으려고 온갖 노력을 다했다. 그러나 빌라도는 이런 결론을 내렸다, "보라, 이 사람을 데리고 너희에게 나오나니, 이는 내가 그에게서 아무 죄도 찾지 못한 것을 너희로 알게 하려 함이로라" (요 19:4).

유월절 어린 양은 1월 14일 해질 때에 죽임을 당했다. 여기서 해질 때는 오후 3시를 가리킨다. 그리고 그 시간은 새로운 날의 시작임으로 금요일에 해당된다. 예수님도 금요일이 시작되는 밤에 잡히시고, 아침 9시에 십자가에 못 박히셨다: "때가 제 삼 시가 되어 십자가에 못 박으니라" (막 15:25). 물론 여기에서 제 삼 시는 오늘의 시간으로는 오전 9시를 가리킨다. 그러면 예수님이 십자가에 못 박히시기 전에 어떤 일이 있었는가?

예수님은 목요일 저녁 6시부터 9시까지 제자들을 위하여 마지막 성찬식을 베푸셨다. 그리고 나서 예수님은 겟세마네 동산으로 옮겨가서 저 유명한 고뇌의 기도를 올리셨다. 그 고뇌가 얼마나 컸던지 땀이 피처럼 그분의 얼굴에서 흘러내렸다 (눅 22:44). 밤 12시쯤 되었을 때 종교 지도자들과 군대 지도자들이 보낸 하속들이 예수님을 체포하였다 (요 18:12).

예수님은 밤새도록 끌려 다니셨는데, 먼저 그 해의 제사장 가야바와 그의 장인 안나스에게 각각 심문을 당하셨다 (마 26:57; 요 18:13). 그 다음 빌라도에게와 헤롯에게 각각 심문을 받으셨다가 (막 15:1; 눅 23:6 이하), 다시 빌라도에게 최후의 심문을 받으셨다. 바로 이때에 빌라도는 이스라엘의 종교 지도자들과 백성이 원하는 대로 사형을 언도하였다 (눅 23:24).

밤새도록 이처럼 심문을 받았을 뿐 아니라, 모진 채찍질을 당하신 예수님은 지칠 대로 지친 몸을 이끌고, 거기다 십자가를 지시고 갈보리 산으로 오르셨다 (눅 23:26). 그리고 위에서 언급한 대로, 금요일 오전 9시에 십자가에 못을 박히셨던 것이다. 제6시, 곧 낮 12시가 되었을 때 천지가 칠흑 같이 깜깜해지더니, 오후 3시까지 계속되었다 (막 15:33). 그리고 마침내 오후 3시에 운명하셨다 (막 15:34, 37).

위에서 이미 살펴본 것처럼, 안식일은 금요일 저녁부터 토요일 저녁까지이다. 그런데 예수님이 십자가에서 이렇게 죽으신 것은 예비일, 곧 안식일 전날이라고 성경은 분명히 언급하고 있다: "이 날은 준비일이라. 유대인들은 그 안식일이 큰 날이므로 그 안식일에 시체들을 십자가에 두지 아니하려 하여 빌라도에게 그들의 다리를 꺾어 시체를 치워 달라 하니"(요 19:31).

그런데 이 말씀에서 "그 안식일이 큰 날"이라는 표현이 나온다. 이 의미는 유월절 다음날부터 무교절을 7일간 지키는데, 그 중에서 첫째 날과 마지막 날은 특별한 집회의 날로 "어떤 일도 하지 말아야" 하는 날이었다 (레 23:7~8). 성경은 그 두 날을 **큰 날**이라 불렀는데, 예수님이 돌아가신 주간에는 안식일과 큰 날이 겹치는 날이었다. 그처럼 특별한 성회의 날에 유대인들은 예수님의 시체를 십자가에 놓아둘 수 없었다.

유월절의 어린 양이 죽임을 당하신 달은 그 해의 첫 달이 되었다. 다시 말해서, 이스라엘이 애굽에서 해방이 되었을 뿐 아니라, 새로운 독립국가로 태어난 달이기에 첫 달로 삼으라고 하나님은 말씀하셨다. 그러면 예수님은 유월절 양으로 죽으신 결과 누가 해방되고 새로운 독립국가라도 탄생되었는가? 물론이다! 이스라엘의 해방과 독립보다도 훨씬 위대한 역사의 시발점이 되었다.

예수 그리스도의 죽음은 민족과 인종을 초월한 많은 사람들이 구원을 얻게 하는 큰 역사였다 (계 7:9~10). 그 수를 헤아릴 수 없을 만큼 많은 사람들이 십자가 앞에 나와서 죄로부터 해방되었다. 그리고 그렇게 해방된 사람들은 교회를 이루어서 이 세상에 속하지 않은 하나님의 나라를 이루기 시작하였다 (계 1:5~6). 이것은 출애굽의 역사를 수천 배 능가하는 크고도 장엄한 역사였다. 유월절의 양이신 예수 그리스도가 이루신 길이 빛나는 역사였다.

죽음의 장소

이스라엘 백성은 출애굽을 위하여 유월절의 양을 잡아서 그 피는 문에 바르고, 고기는 식구들이 집안에서 먹었다. 그러나 이런 식으로 유월절 양을 잡은 것은 역사적으로 단 한 번뿐이었다. 그 유월절의 결과 이스라엘 백성은 애굽에서 해방되었고, 독립국가의 형성을 위하여 애굽을 떠나 가나안으로 나아가기 시작했다. 그런데도 하나님은 애굽을 떠난 이스라엘 백성에게 유월절의 절기를 영원히 지키라고 명령하셨다.

그렇다면 유월절 양이 죽는 장소는 필연적으로 바뀔 수밖에 없었다. 그런 이유 때문에 하나님은 애굽을 떠난 이스라엘 백성에게 그 장소에 대하여 자연스럽게 부연 설명을 하셨다. 그 부연 설명을 살펴보기 위하여 신명기를 보자: "유월절 제사를 네 하나님 여호와께서 네게 주신 각 성에서 드리지 말고, 오직 네 하나님 여호와께서 자기의 이름을 두시려고 택하신 곳에서...드리고" (신 16:5~6).

이 말씀에서 강조된 곳은 "네 하나님 여호와께서 자기의 이름을 두시려고 택하신 곳"이다. 이스라엘 백성은 하나님이 직접 택하신 곳에서 유월절의 제사를 드려야 했다. 그러면 하나님이 택하신 곳은 어디인가? 그 장소를 알아보기 위해서는 유월절의 어린 양인 예수 그리스도가 죽으신 곳을 알면 쉽게 찾을 수 있을 것이다. 그런데 그 곳은 모든 그리스도인들이 잘 아는 골고다였다.

그러면 어떻게 하나님은 골고다를 택하셨는지 궁금하지 않을 수 없다. 그것을 알아보기 위하여 다윗의 행보를 살펴보자. 다윗은 사단의 책동(策動)을 이기지 못하고 이스라엘 백성을 계수(計數), 곧 인구조사를 하도록 명령을 내렸다. 하나님은 일찍이 인구조사법을 이스라엘에게 알려 주신 바 있었다. 그 법에 의하면, 20세 이상 된 모든 사람은 반 세겔을 속전으로 바쳐야 했다 (출 30:11~16).

그러나 다윗은 하나님의 법을 무시할 만큼 교만해진 것 같다. 그는 원래 겸손한 사람이었으나, 그때는 말할 수 없이 교만한 사람이 되었다. 그 결과 하나님은 다윗과 그 나라에 온역을 보내셨고, 이스라엘 백성은 7만 명이나 죽었다. 다시 원래대로 겸손해진 다윗은 하나님 앞에서 깊이 회개했고, 하나님은 그 회개를 받아 주셨다 (대상 21:16~17).

비록 하나님이 다윗의 회개를 받아 주셨지만, 그는 당연히 율법에 따라 죄를 용서 받지 않으면 안 되었다. 하나님은 다윗에게 오르난의 타작마당에 단을 쌓고 속죄제를 드리라는 은총의 말씀을 주셨다 (대상 21:18). 다윗이 그 말씀대로 행했을 때 하나님은 응답하시고 그를 용서하여 주셨다. 그런데 하나님이 지정해 주신 오르난의 타작마당이 바로 유월절의 어린 양 예수님이 죽으실 곳이 될 줄 누가 알았겠는가?

다윗의 아들 솔로몬이 성전을 건축할 때 그는 오르난의 타작마당이었던 곳을 택했다. 그런데 그 타작마당이 바로 모리아 산, 곧 골고다였던 것이다. 이런 사실을 알려 주는 성경 말씀을 직접 보자: "솔로몬이 예루살렘 모리아 산에 여호와의 전 건축하기를 시작하니, 그 곳은 전에 여호와께서 그의 아버지 다윗에게 나타나신 곳이요, 여부스 사람 오르난의 타작마당에 다윗이 정한 곳이라"

(대하 3:1).

그런데 하나님이 출애굽을 경험한 이스라엘 백성에게 "네 하나님 여호와께서 자기의 이름을 두시려고 택하신 곳"에서 유월절을 드리라고 하셨을 때 (신 16:6), 이미 그 장소를 언급하신 적이 있었다. 그것은 이스라엘의 조상인 아브라함에게 주신 명령에서 찾을 수 있다. 하나님이 아브라함에게 그의 아들 이삭을 번제로 바치라고 하셨는데, 그 번제의 장소는 바로 모리아 산이었다.

하나님이 아브라함에게 주신 말씀을 직접 들어보자, "네 아들 네 사랑하는 독자 이삭을 데리고 모리아 땅으로 가서 내가 네게 일러 준 한 산 거기서 그를 번제로 드리라" (창 22:2). 그들은 모리아 땅 가운데 하나님이 지시하신 곳으로 가서 번제를 드렸다 (창 22:9). 물론 이삭이 아니라 수양을 드렸지만 말이다. 그때부터 그 곳은 "여호와의 산"이라고 불렸다 (창 22:14).[5]

하나님은 아브라함을 특별한 방법으로 만나셨던 모리아 산을 염두에 두고 이스라엘 백성에게 "자기의 이름을 두시려고 택하신 곳"에서 유월절 제사를 드리라고 말씀하셨다. 그리고 그것을 확인이라도 하듯, 다시 다윗에게 범죄를 위한 속죄의 장소로 모리아 산을 지정하셨다. 바로 거기에서 "우리의 유월절 양"이신 예수 그리스도는 유월절의 어린 양이 되어 십자가에 죽으셨다.

예수 그리스도는 당신이 유월절 양이라는 사실을 증명이라도

---

5) 기독교 이전의 책인 〈주빌리스〉(Jubilees)에 의하면, 아브라함이 이삭을 제물로 드린 날짜는 니산 월 14일로, 유월절 양의 모형이었다. 이를 위하여 다음을 보라, Michael Green, *Evangelism in the Early Church*, 제4쇄 (Grand Rapids, MI: William B. Eerdmans Publishing Co., 1977), 111.

하듯, 유월절에 성전에 나타나셨다. 그리고 채찍으로 양과 소를 성전에서 쫓아내시면서 이렇게 말씀하셨다, "내 아버지의 집으로 장사하는 집을 만들지 말라" (요 2:16). 분노로 가득한 유대인들이 표적을 구하매, 예수님은 이상한 대답을 하셨다, "너희가 이 성전을 헐라 내가 사흘 동안에 일으키리라" (요 2:19).

이처럼 이상한 말씀의 의미는 단도직입적으로 말하면 이렇다, "다윗처럼 죄를 범하고, 죄의식에 사로잡혀서 죄의 심판을 두려워하는 모든 죄인들을 용서하시기 위하여 예수님은 십자가 위에서 죽으셨다는 뜻이다. 뿐만 아니라, 그처럼 죽으셨으나, 아브라함이 이삭을 번제물로 드렸을 때 그 이삭을 돌려받은 것처럼, 예수 그리스도는 사흘 후에 다시 살아나셨다는 뜻이다."[6]

유월절의 어린 양이신 예수 그리스도도 모리아 산에서 희생이 되셨다. 그분이 아브라함과 다윗의 발자취를 따른 이유는 모리아 산이 하나님이 택하신 곳이었기 때문이다. 예수 그리스도는 인간의 손으로 만들어진 성전에서가 아니라, 모리아 산 위에서 죽으셨다. 아브라함의 번제처럼, 그리고 다윗의 속죄제처럼, 예수 그리스도는 모리아 산 위의 해골이라는 곳에 세워진 십자가에서 죽으셨다. 그 골고다에서 그분의 몸이 찢겨졌고, 피가 쏟아졌던 것이다.

---

6) 홍성철,『하나님의 사람들: 마태복음 1장 1절 강해설교』(서울: 도서출판 세복, 2005), 32~33.

죽음의 의미

이스라엘 백성은 유월절 어린 양의 피를 문에 뿌리고 나서 집안으로 들어가 그 고기를 이렇게 먹었다, "그 밤에 그 고기를 불에 구워 무교병과 쓴 나물과 아울러 먹되, 날것으로나 물에 삶아서 먹지 말고 머리와 다리와 내장을 다 불에 구워 먹고….뼈도 꺾지 말지며" (출 12:8~9, 46). 한 마디로 말해서, 유월절 어린 양은 이스라엘 백성의 구원을 위하여 피를 흘렸고, 양식이 되기 위하여 몸이 찢겨졌다.

그런데 이런 유월절의 어린 양인 것처럼, 예수 그리스도는 어느 유월절에 당신의 몸을 가리키면서 이런 말씀을 하셨다,[7] "인자의 살을 먹지 아니하고 인자의 피를 마시지 아니하면 너희 속에 생명이 없느니라. 내 살을 먹고 내 피를 마시는 자는 영생을 가졌고, 마지막 날에 내가 그를 다시 살리리니, 내 살은 참된 양식이요 내 피는 참된 음료로다" (요 6:53~55).

유월절의 어린 양은 피와 양식을 통하여 이스라엘 백성을 죽음에서 구원하고 또 자유의 길을 열어 주었다. 그러나 유월절의 어린 양이신 예수 그리스도는 이스라엘 백성만을 위하여 죽으신 것이 아니라, 온 세상의 죄와 심판을 위하여 죽으셨다. 그런 사실을 강조하기 위하여 예수님은 이렇게 말씀하셨다, "내 살을 먹고 내

---

7) 예수님의 몸과 피를 유월절 양의 피와 고기의 배경임에 틀림없다고 주장하는 학자도 있다. 이를 위하여 다음을 보라, Craig S. Keener, *The Gospel of John: A Commentary*, 제1권 (Peabody, MA: Hendrickson Publishers, Inc., 2003), 688.

피를 마시는 자는 영생을 가졌고, 마지막 날에 내가 그를 다시 살리리니"(요 6:54).

이스라엘 백성은 하나님을 믿고 그 말씀대로 양을 죽였고, 피를 문에 뿌렸고, 그리고 그 양의 고기를 불에 구어 먹었다. 만일 그들이 하나님의 말씀을 믿지 않았다면 그들도 애굽 사람들에게 임한 심판을 면치 못했을 것이다. 마찬가지로, 예수님이 "내 살을 먹고 내 피를 마시라"고 말씀하신 대로 행하는 자는 "영생을 가졌고 또 마지막 날에 그를 다시 살리신다"고 약속하셨다.

그런데 예수님은 이런 먹고 마시는 행위를 이미 구체적으로 설명하신 바 있다, "....믿는 자는 영생을 가졌나니"(요 6:47). 그 행위는 결국 믿음을 가리킨다. 예수 그리스도는 죄인들을 위하여 십자가에서 몸이 찢기시고 피를 쏟으셨다. 죄인들이 그들을 위하여 예수 그리스도가 십자가 위에서 몸을 내놓으시고 피를 쏟으신 사실을 믿음으로 받아들인다면 그들은 약속대로 영생을 얻게 되는 것이다.[8]

이런 관점에서 세례 요한의 외침은 새로운 지평을 열어 줄 것이다, "보라, 세상 죄를 지고 가는 하나님의 어린 양이로다"(요 1:29). 특히 **세상 죄**라는 표현이 지닌 의미는 중요하다. 여기에서 **죄는** 복수형이 아니라 단수형인 점에 주목해야 한다. 복수형은 구체적으로 범하는 죄의 행위들을 가리키나, 단수형은 하나님과 죄인 사이를 가로막는 죄 전체를 가리킨다.[9] 다른 말로 하면, 하나님의

---

8) Arthur W. Pink, *Exposition of the Gospel of John* (Grand Rapids, MI: Zondervan Publishing House, 1968), 347.

법을 어긴 죄, 곧 예수 그리스도 앞으로 나오지 못하게 하는 불신을 포함한다.[10]

예수 그리스도를 유월절의 어린 양으로 그린 요한복음은 이스라엘 백성이 전통적으로 지켜온 관습과 사고를 세 가지 면에서 뒤집어 놓았다. 첫째는 유월절 양이신 예수 그리스도가 성전을 대신하신다는 가르침이었다 (요 2:19). 둘째는 유월절 양이신 예수 그리스도는 모세와 만나를 대신하신다는 선언이었다 (요 6:32~33). 셋째는 유월절 양이신 그리스도가 지금까지 성전에서 드려졌던 모든 양들을 대신하여 죽으신 사실이었다 (요 19:31~36).[11]

유월절 양이신 예수 그리스도가 희생된 사실은 모든 그리스도인들로 하여금 거룩한 삶을 살 것을 촉구한다. 바울은 예수님의 희생과 그리스도인들의 거룩을 이렇게 연관시켰다, "너희는 누룩 없는 자인데 새 덩어리가 되기 위하여 묵은 누룩을 내버리라; 우리의 유월절 양 곧 그리스도께서 희생되셨느니라. 이러므로 우리가 명절을 지키되...누룩이 없이 오직 순전함과 진실함의 떡으로 하자" (고전 5:7~8).

결국, 유월절의 어린 양 예수 그리스도의 죽음은 그리스도인들에게 다음과 같은 세 가지를 가르친다: 첫째, 그 어린 양을 믿음으로 받아들여야 구원을 받는다. 이것은 신앙생활의 시발점이기도 하다. 둘째, 그 어린 양의 희생을 근거로 그리스도인들은 거룩한

---

9) Martha Zimmerman, *Celebating Biblical Feasts* (Minneapolis, MN: Bethany House, 2004), 54.
10) Keener, *The Gospel of John*, 456.
11) Yee, *Jewish Feasts and The Gospel of John*, 60.

삶을 영위해야 한다. 셋째, 마지막 날에 그리스도인들은 일찍 죽임을 당하신 예수 그리스도와 더불어 영생을 누리며 왕 노릇을 할 것이다 (계 5:9).

무교절

레위기 23장에 나오는 두 번째 절기는 무교절이다.[1] 무교절은 무교병의 절기라고도 불리는데 (출 23:15), 그 의미는 누룩이 들어 있지 않은 떡을 먹는 절기를 말한다. 위에서 언급한 것처럼, 무교절은 유월절과 첫 이삭 절기와 더불어 봄의 삼대 절기를 이룬다. 이 절기는 유월절과 첫 이삭 절기 사이에 위치하면서 중요한 의미를 전달해 준다. 이 절기는 7일 동안 계속되는데, 그 중 첫날과 마지막 날은 안식일이다.

성경적 배경

이 절기의 성경적 배경을 알아보기 위하여 다시 성경으로 돌아가자. 레위기는 무교절을 다음과 같이 묘사한다:

이 달 열닷샛날은 여호와의 **무교절**이니, 이레 동안 너희는 무교병을 먹을 것이요, 그 첫 날에는 너희가 성회로 모이고 아무 노동도

---

1) 히브리어로는 무교절을 하그 하 마쪼트(חג המצות)라고 불린다.

하지 말지며, 너희는 이레 동안 여호와께 화제를 드릴 것이요, 일곱
째 날에도 성회로 모이고 아무 노동도 하지 말지니라.

레위기 23:6~8

무교절은 니산 월 15일부터 시작된다. 그날은 바로 유월절 다음
날이며, 7일 동안 계속되어 21일에 끝난다. 이처럼 유월절과 무교
절은 하루 사이를 두고 함께 가는 절기들이기 때문에 8일간의 유
월절이라고도 불리고, 8일간의 무교절이라고도 불린다.[2] 실제로
어떤 때는 유월절과 무교절은 서로 바뀌어서 불리기도 한다 (눅
22:1, 7). 그럼 왜 이스라엘 백성은 이 절기에 누룩이 없는 떡을 먹어
야 하는가? 이 질문에 대한 해답을 찾기 위하여 신명기의 말씀을
열어보자:

유교병을 그것(유월절 제사)과 함께 먹지 말고 이레 동안은 무교병
곧 고난의 떡을 그것과 함께 먹으라. 이는 네가 애굽 땅에서 급히
나왔음이니 이같이 행하여 네 평생에 항상 네가 애굽 땅에서 나온
날을 기억할 것이니라.

신명기 16:3

이 말씀에서 두 가지 이유를 찾을 수 있다. 첫째는 이스라엘
백성이 밤중에 급히 애굽에서 나오는 바람에 누룩을 넣어서 떡을
만들 겨를이 없었고, 둘째는 그날을 기억하기 위함이었다.
이스라엘 백성에게 그날은 기억하지 않을 수 없을 만큼 중요한
날이었다. 남녀노소가 큰 군대를 이룬 약 3백만의 사람들이 각종

---

2) Howard & Rosenthal, *The Feasts of the Lord*, 65.

의 가축을 데리고 출애굽을 경험한 날이었다. 노예의 신분에서 자유의 신분으로 바뀐 날이었다. 모세는 그 경험을 이렇게 묘사하였다, "그들이 첫째 달 열다섯째 날에 라암셋을 떠났으니, 곧 유월절 다음날이라. 이스라엘 자손이 애굽 모든 사람의 목전에서 큰 권능으로 나왔으니" (민 33:3).

이스라엘 백성은 고난의 장소인 애굽을 나온 그 기적의 날을 기념하기 위하여 누룩 없는 떡, 곧 무교병을 7일 동안 먹었다. 그런데 7대 절기 중 유월절과 무교절만은 이스라엘 백성이 애굽을 떠나기 전에 제정되었으나, 나머지 5절기는 애굽을 나온 후에 제정되었다. 이 두 절기는 이스라엘 백성에게 그만큼 중요한 절기였다. 그들이 430년이란 긴 세월을, 그것도 온갖 고난을 감수했던 애굽을 떠나 새로운 삶으로 들어간 역사적 사건을 기념하는 중요한 절기였다.

하나님의 말씀에 의하면, 무교절과 연관시킨 하나님의 지시 사항은 세 가지뿐이었다. 첫 번째 지시 사항은 무교절 기간 7일 동안 매일 화제를 올리라는 것이다. 이스라엘 백성은 하나님이 "자기의 이름을 두시려고 택하신 곳," 곧 성전에서 매일 화제를 드려야 했다 (신 16:2). 레위기 23장 8절은 그 화제에 대하여 이렇게 지시한다, "너희는 이레 동안 여호와께 화제를 드릴 것이요." 물론 화제(火祭)는 제물을 불로 태워서 하나님에게 올리는 제사이다.

그러면 이스라엘 백성은 어떤 제물을 화제로 드려야 했는가? 제물을 마음대로 선택할 수 있단 말인가? 물론 아니다! 그들은 절대로 자의(自意)로 선택해서 제물을 드릴 수 없고, 하나님이 지정하

신 대로 제물을 드려야 했다. 하나님은 이스라엘 백성이 마음대로
화제를 올리는 잘못을 막기 위하여 제물의 종류와 수를 상세히
알려 주셨다. 그것을 알려 주신 내용은 민수기에 있다.

> 수송아지 두 마리와 수양 한 마리와 일 년 된 수양 일곱 마리를
> 다 흠 없는 것으로 여호와께 화제를 드려 번제가 되게 할 것이며,
> 그 소제로는 고운 가루에 기름을 섞어서 쓰되, 수송아지 한 마리에
> 는 십분의 삼이요, 수양 한 마리에는 십분의 이를 드리고, 어린 양
> 일곱에는 어린 양 한 마리마다 십분의 일을 드릴 것이며, 또 너희를
> 속죄하기 위하여 숫염소 한 마리로 속죄제를 드리되, 아침의 번제
> 곧 상번제 외에 그것들을 드릴 것이니라. 너희는 이 순서대로 이레
> 동안 매일 여호와께 향기로운 화제의 음식을 드리되, 상번제와 그
> 전제 외에 드릴 것이며.   민수기 28:19~24

이스라엘 백성은 매일 아침저녁에 일 년 된 어린 양을, 다시
말해서, 아침에 한 마리, 그리고 저녁에 한 마리를 각각 제물을
드려야 했다. 그들은 어린 양을 드릴 때마다 독한 술을 전제(drink
offering)로 함께 드려야 했다 (민 28:3~8). 그런데 하나님은 무교병의
제물을 화제로 드릴 때, 아침저녁으로 드리는 번제를 생략해서는
안 된다고 말씀하셨다. 그러니까 그 7일 동안에는 아침저녁으로
드리는 번제 외에 무교절의 화제를 드려야 했다.

무교절의 화제로 드릴 동물의 종류와 수는 놀랄 만큼 많다. 수
송아지 둘, 수양 하나, 일 년 된 어린 수양 일곱, 숫염소 하나이다.
그러니까 네 종류의 동물 열한 마리를 매일 화제로 드려야 한다.

이 제물을 화제로 드릴 때 고운 보리 가루로 된 소제(곡물제)를 첨가해서 드려야 한다.[3] 그 보리 가루의 양도 만만치 않다. 왜냐하면 에바 십분의 일은 2리터에 해당되니, 매일 도합 30리터에 해당하는 가루를 함께 화제로 드리는 셈이다.

무교절과 연관된 두 번째 하나님의 지시 사항은 무교절 첫날과 마지막 날에는 어떤 일도 할 수 없다는 것이다. 이스라엘 백성은 일 대신 성회로 모여야 한다 (출 12:16; 레 23:7~8; 민 28:25; 신 16:8). 물론 그들은 여러 가지 제물을 드리면서 그 제물을 받으시는 하나님을 예배한다. 그러나 7일 가운데 이틀을 쉬면서 그들에게 모든 축복을 허락하신 하나님—그들을 애굽에서 건져내신 권능의 하나님과, 그들에게 보리 추수를 허락하신 사랑의 하나님—에게 감사하는 것이다.[4]

무교절과 연관된 세 번째 하나님의 지시 사항은 누룩을 엄격히 금지한 사실이다. 이 절기 기간 중 누룩이 들어 있는 떡을 먹기는커녕, 아무리 작은 누룩이라도 존재하면 안 된다. 하나님은 이 금령(禁令)을 아무도 오해할 수 없도록 분명히, 그것도 강조해서 전하셨다. 분명히 전하셨을 뿐 아니라, 반복적으로 지시하셨다. 모세오경에서만 적어도 여섯 곳에서 누룩을 금하셨다 (출 12:14~20, 13:6~ 8, 23:15, 34:18; 레 23:6; 신 16:3, 8). 그뿐 아니라, 그 금령을 어길 경우에 있을 심판에 대해서도 오해의 여지가 없도록 확실하

---

3) 무교절의 절기는 보리 추수 때에 행해졌으므로, 당연히 보리 가루를 소제로 드렸다. 이를 위하여 다음을 보라, Noordtzij, *Bible Student's Commentary: Leviticus*, 232.

4) Ibid.

게 언급하셨다.

> 너희는 이레 동안 무교병을 먹을지니, 그 첫날에 누룩을 너희 집에서 제하라. 무릇 첫날부터 일곱째 날까지 유교병을 먹는 자는 이스라엘에서 끊어지리라....첫째 달 그 달 열나흘날 저녁부터 이십일일 저녁까지 너희는 무교병을 먹을 것이요, 이레 동안은 누룩이 너희 집에서 발견되지 아니하도록 하라. 무릇 유교물을 먹는 자는 타국인이든지 본국에서 난 자든지를 막론하고 이스라엘 회중에서 끊어지리니, 너희는 아무 유교물이든지 먹지 말고 너희 모든 유하는 곳에서 무교병을 먹을지니라.
>
> 출애굽기 12:15, 18~20

위의 인용문에 의하면, 누룩은 이스라엘 백성의 **집에서** 제거되어야 한다. 그런데 하나님은 누룩이 제거되어야 할 영역을 갈수록 넓혀 가셨다. "....네 땅(지경)에서 누룩을 네게 보이지 아니하게 하라"(출 13:7). **네 땅**(지경)은 이스라엘 백성 각자가 거하는 지역을 의미한다. 그 다음 단계는 더 넓은 지경이다, "그 이레 동안에는 네 모든 지경 가운데에 누룩이 보이지 않게 할 것이요"(신 16:4). 여기에서 **모든 지경 가운데**는 전국을 의미한다. 한 마디로 무교절에는 이스라엘 어디에서도 누룩이 보이면 안 되는 절기이다.

문화적 적응

유월절에서 살펴본 대로, 이스라엘 백성에게 주후 70년은 그들의 삶의 방식을 송두리째 바꾼 사건이었다. 성전의 파괴는 물론 제사장의 직분도 없어졌고, 따라서 모든 성전 예식도 폐지되었다. 이스라엘 백성은 더 이상 다음의 명령을 지킬 수 없게 되었다: "여호와께서 자기의 이름을 두시려고 택하신 곳에서…너는 엿새 동안은 무교병을 먹고 일곱째 날에 네 하나님 여호와 앞에 성회로 모이고 일하지 말지니라"(신 16:7~8).

이스라엘 백성이 각 가정에서 유월절의 어린 양 대신 무교병을 먹으면서 유월절을 지킨 것처럼, 무교절도 그렇게 각 가정에서 지킨다. 우선 무교절의 준비는 어머니들의 몫이다. 어머니들은 일체의 누룩을 제거하기 위하여 춘기(春期) 대청소를 실시한다. 그들은 아주 적은 누룩이라도 집안에 남아 있으면 안 되기에 세심하게 온 집안을 쓸고, 뒤지고, 닦는다. 마루를 걸레질하고, 그릇들을 뜨거운 물에 헹구고, 찬장을 모두 비우면서 누룩을 찾아낸다.5)

유월절 전날 저녁에 가족이 모여서 "누룩 찾기"의식을 거행하는데, 먼저, 출애굽기 12장에서 다음의 세 절을 낭독한다:6) "너희는 이레 동안 무교병을 먹을지니, 그 첫날에 누룩을 너희 집에서 제하라. 무릇 첫날부터 일곱째 날까지 유교병을 먹는 자는 이스라엘에서 끊어지리라"(출 12:15); "이레 동안은 누룩이 너희 집에서 발견되지 아니하도록 하라. 무릇 유교물을 먹는 자는 타국인이든지 본국에서 난 자든지를 막론하고 이스라엘 회중에서 끊어지리니"(출 12:19); "이 밤은 그들을 애굽 땅에서 인도하여 내심으로 말

---

5) Williams, *The Holidays of God: Spring Feasts*, 16.
6) Zimmerman, *Celebrating Biblical Feasts*, 58.

미암아 여호와 앞에 지킬 것이니, 이는 여호와의 밤이라. 이스라엘 자손이 다 대대로 지킬 것이니라"(출 12:42).

그 후 가장(家長)은 한 손에 낡은 나무 숟가락을 들고, 그리고 다른 손에 오리털 하나를 든다. 전등을 끈 후 촛불에 의지하여 누룩을 찾아 방마다 그리고 구석구석을 뒤진다. 자녀들은 아버지를 따라다니면서 아버지가 누룩을 찾아서 오리털로 나무 숟가락에 조심스럽게 담는 것을 지켜본다. 그리고 마침내 그 숟가락과 오리털을 가장이 찾아낸 모든 누룩과 함께 종이 주머니에 집어넣고 그 주둥이를 실로 묶는 것도 지켜본다.[7]

실제로 어머니가 대청소를 철저하게 했다면 집안에는 어떤 누룩도 남아 있을 리가 없다. 그러나 "누룩 찾기" 의식을 위하여 어머니는 누룩이 들어 있는 흰 떡을 열두 조각으로 내어 거실과 방, 그리고 창틀 위에 올려놓는다. 아버지는 자녀들과 함께 촛불에 의지하여 그 조각들을 찾아내면 오리털과 숟가락과 함께 그 조각들을 종이 주머니에 집어넣는다. 그리고 그들은 함께 기도한 후 시편 103편 12절을 읽는다, "동이 서에서 먼 것 같이 우리의 죄과를 우리에게서 멀리 옮기셨으며."[8]

아버지를 비롯하여 모든 자녀들은 그 주머니를 가지고 밖으로

---

7) Howard & Rosenthal, *The Feasts of the Lord*, 67.
8) 누룩을 찾는 유대인의 모습을 기독교의 신앙과 비교해서 설명하기도 한다: 1) 당신은 혼자 찾으러 갈 수 없다―그리스도의 빛을 필요로 한다. 2) 빛(그리스도)이 빵(죄)을 드러낸다. 3) 어머니는 떡 숨겨놓은 곳을 잊을 수 있다―어떤 죄는 그리스도의 빛이 비출 때까지 잊혀진다. 4) 어떤 조각은 찾기 어렵다―어떤 죄는 너무나 깊이 숨겨져 있다. 이를 위하여 다음을 보라, Zimmerman, *Celebrating Biblical Feasts*, 58~60.

나간다. 그때 다른 가정의 가장들과 자녀들도 각각 그들의 주머니들을 가지고 한 곳에 모인다. 그들은 불을 지핀 후 그들의 주머니를 하나씩 그 불에 던져 넣는다. 주머니가 많이 던져질수록 불길은 그만큼 더 위로 올라간다. 밤이 깊어지면서 불길은 사그라지고, 사람들도 서서히 흩어져서 집으로 돌아간다. 이제 남은 것은 회색빛 잿더미와 시커먼 떡 부스러기뿐이다.[9]

이제 이스라엘 백성은 유월절은 물론 무교절을 맞이할 준비가 된 것이다. 그 이유는 분명하다! 세월이 흐르면서 누룩은 유대인들이 애굽에서 종 노릇 하면서 살던 구속의 삶을 상징하게 되었다. 물론 그런 삶은 하나님이 원하시는 삶이 아니기에 그 뜻과는 배치되는 것이었다. 그런데 모든 누룩을 불로 태워 제거하는 것은 그들이 애굽에서 나옴으로 옛날의 삶에서 완전히 벗어난 것을 상징하였다.

랍비들은 누룩이 떡을 부풀게 하는 것처럼 사람을 교만하게 만든다고 가르친다. 부풀지 않은 떡은 겸손과 순종을 말하며, 동시에 인간 속에 있는 죄의 성향(性向)을 제거하고자 하는 의지를 말한다고 가르친다. 결국 출애굽만으로는 완전하지도, 그리고 충분하지도 않다는 것이다. 하나님이 이스라엘 백성을 애굽에서 해방시키신 것은 그들의 육신적인 자유만을 위한 것이 아니라, 죄의 속박에서도 자유하게 하기 위함이었다.[10]

---

9) Howard & Rosenthal, *The Feasts of the Lord*, 68.
10) Williams, *The Holidays of God: Spring Feasts*, 16.

역사적 성취

유월절의 어린 양이 예수 그리스도의 고난과 죽음을 통하여 성취된 것처럼, 무교절의 절기도 역시 예수 그리스도의 고난과 무덤을 통하여 성취되었다. 그렇다면 무교절의 절기가 어떻게 역사적으로 성취되었는지, 그것도 예수 그리스도를 통하여 성취되었는지 알아보자. 특히 다음과 같이 세 가지 측면에서 성취된 사실을 알아볼 터인데, 첫째는 제물이고, 둘째는 떡이며, 셋째는 누룩이다.

제물

유월절 어린 양의 죽음이 예수 그리스도에게서 성취된 것처럼, 무교절의 **제물**도 예수 그리스도에게서 성취되었다. 무교절의 절기 중 매일 수송아지와 수양과 숫염소가 소제와 함께 화제의 제물이 된 것처럼, 예수 그리스도도 화제의 제물이 되셨다. 예수님은 밤새도록 재판을 받으셨다. 그리고 채찍에 맞고 온 몸이 피투성이가 되어 그 모습을 알아보지 못할 지경이 되었다. 히브리 선지자의 예언대로 되었다, "전에는 그의 모양이 타인보다 상하였고, 그의 모습이 사람들보다 상하였으므로, 많은 사람이 그에 대하여 놀랐거니와" (사 52:14).

그것도 부족해서 그들은 그분을 십자가에 여섯 시간이나 매달아 놓았다. 그 모습은 오래 전에 예언된 그런 모습이었다. 시편 기자는 그 모습을 이렇게 묘사했다, "개들이 나를 에워쌌으며, 악한 무리가 나를 둘러 내 수족을 찔렀나이다. 내가 내 모든 뼈를 셀 수 있나이다. 그들이 나를 주목하여 보고, 내 겉옷을 나누며, 속옷을 제비 뽑나이다" (시 22:16~18). 이처럼 십자가에서 죽어가는 고통은 문자 그대로 무교절 화제의 성취라고 볼 수밖에 없다.

십자가에 달려 계신 예수 그리스도의 모습은 문자 그대로 제물로 죽은 수송아지와 수양과 숫염소의 재현이었다. 요한은 그 모습을 다른 방법으로 표현한다, "군인들이…예수께 이르러서는 이미 죽으신 것을 보고 다리를 꺾지 아니하고, 그 중 한 군인이 옆구리를 찌르니, 곧 피와 물이 나오더라" (요 19:32~34). 이렇게 찔린 모습도 일찍이 예언된 대로였다, "그들이 그 찌른 바 그를 바라보고…" (슥 12:10). 그리고 어느 날 그들은 그렇게 찔린 그분을 직접 보게 될 것이다 (계 1:7).

마침내 예수님이 십자가에서 숨을 거두시자 로마 군인들은 그 몸을 미라처럼 묶어서 무덤에 던졌다. 그리고 그 무덤에 돌문을 굴려서 닫았다 (마 27:59~60). 옛날 문서에 의하면, 이 돌문은 하도 커서 적어도 20명 이상의 사람들이 굴려야 한다고 한다.11) 그리고 그 돌문 위에 로마의 인을 쳤다. 예수 그리스도는 인간의 모든 죄와 고난과 질병과 죽음을 지니시고 그렇게 묻히셨다. 예수님은 이렇게 무교절의 주인공이 되셨던 것이다.

---

11) Booker, *Celebrating Jesus in the Biblical Feasts*, 74.

떡

랍비의 가르침에 의하면, 누룩 없는 떡, 곧 **무교병**은 상처 난 것처럼 보이기 위하여 때리고, 찌르고, 태워서 구웠다.12) 이것은 결코 우연히 일어난 일이 아니었다. 하나님은 이스라엘의 경험과 전통을 통하여 유대인 선지자의 예언을 성취하셨던 것이다. "그가 찔림은 우리의 허물을 인함이요, 그가 상함은 우리의 죄악을 인함이라. 그가 징계를 받음으로 우리가 평화를 누리고, 그가 채찍에 맞음으로 우리가 나음을 입었도다"(사 53:5).

예수 그리스도는 당신이 바로 그런 떡이라고 하면서, 이 떡을 먹어야 생명을 얻는다고 말씀하셨다: "내가...너희에게 이르노니, 인자의 살을 먹지 아니하고 인자의 피를 마시지 아니하면 너희 속에 생명이 없느니라. 내 살을 먹고 내 피를 마시는 자는 영생을 가졌고 마지막 날에 내가 그를 다시 살리리니, 내 살은 참된 양식이요, 내 피는 참된 음료로다. 내 살을 먹고 내 피를 마시는 자는 내 안에 거하고 나도 그의 안에 거하나니...나를 먹는 그 사람도 나로 말미암아 살리라"(요 6:53~57).

예수 그리스도는 이 말씀을 통하여 당신이 무교병이 되신 것은 우리 인간으로 하여금 그분을 받아들이게 하기 위함이라고 가르치신다. 이스라엘 백성이 애굽을 떠날 때 유교병을 버리고 무교병만 가지고 나온 것처럼, 우리도 예수 그리스도에게 나아올 때 옛 성품과 삶의 방식을 버리고 그분의 성품을 닮아야 한다는 초청이

---

12) Williams, *The Holidays of God: Spring Feasts*, 17.

다. 다시 말해서, 옛 삶의 방식을 청산하라는 초청이다. 우리도 우리의 "애굽"을 떠날 때, 버릴 것은 버리고 가져갈 것은 가져가야 한다는 가르침이다.

무교절의 절기 중 왜 7일 동안 무교병을 먹어야 하는가? 그 이유는 두 가지이다. 첫째는 이스라엘 백성이 그 기간 동안만이라도 거룩한 백성이 되라는 것이다. 둘째는 그들이 주님과 거룩하게 동행하라는 지침이다. 우리 그리스도인들도 마찬가지이다. 유월절의 어린 양을 통하여 죄의 굴레에서 벗어나서 구속을 경험한 이스라엘 백성처럼, 그리스도인들도 무교절의 누룩 없는 떡이신 예수 그리스도를 통하여 매일매일 깨끗하고 거룩한 삶을 살지 않으면 안 될 것이다.13)

누 룩

그뿐 아니라, 예수 그리스도는 **누룩** 없는 떡이셨다. 누룩은 옛 성품 내지 죄를 상징한다. 그러나 이미 살펴본 것처럼, 예수님에게서는 아무 죄도 찾지 못했다. 예수님은 죄 없는 당신의 몸을 상징하는 무교병을 떼어 제자들에게 주면서 이렇게 말씀하셨다, "이것은 너희를 위하여 주는 내 몸이라. 너희가 이를 행하여 나를 기념하라" (눅 22:19; 고전 11:24). 이것은 누룩 없는 떡을 제자들에게 나누어 주시는 말씀이다. 무교병처럼 죄 없는 당신의 몸을 다른 사람들을 위하여 내놓으셨다.

---

13) Francis, *Celebrate the Feasts of the Lord*, 34~35.

예수 그리스도는 누룩 없는 분이셨는데, 우리의 모든 누룩을 짊어지시고 유교병이 되셨다. 따라서 유대인들은 예수님이 십자가에서 죽으시자 곧바로 그분을 제거하였다. 누룩을 제거해야 유월절과 무교절에 참여할 수 있기 때문이었다. 유대인들이 이처럼 물리적인 누룩을 제거한 것처럼, 그리스도는 우리의 영적 누룩을 우리와 우리 가정에서 제거하기를 원하신다. 그분은 우리의 죄라는 누룩을 자신의 영혼에 짊어지셨고, 우리의 슬픔이라는 누룩을 자신의 마음에 짊어지셨고, 우리의 질병과 죽음이라는 누룩을 자신의 몸에 짊어지셨다.[14]

이처럼 구약과 신약에 나타난 무교절의 의미를 파악한 유대인 학자인 바울은 이렇게 그리스도인들에게 충고한다: "너희는 누룩 없는 자인데, 새 덩어리가 되기 위하여 묵은 누룩을 내버리라. 우리의 유월절 양 곧 그리스도께서 희생이 되셨느니라. 이러므로 우리가 명절을 지키되 묵은 누룩으로도 말고, 악하고 악의에 찬 누룩으로도 말고, 누룩이 없이 오직 순전함과 진실함의 떡으로 하자"(고전 5:7~8). 무교절의 주인공이신 예수님 때문에 새로운 삶의 목적이 주어진 것임에 틀림없다.

아무 누룩도 없는 예수 그리스도는 우리를 위하여 누룩이 되셨다. 예수 그리스도는 급하게 무덤으로 옮겨져서 무교절의 떡처럼 버려졌던 것이다. 그분은 우리의 누룩을 짊어지고 무덤에 묻히셨기에, 우리의 모든 누룩도 그분과 함께 무덤에 묻히게 되었다. 우리의 옛 성품의 흔적인 구속, 압박, 슬픔, 고난은 그분과 함께 무덤

---

14) Booker, *Celebrating Jesus in the Biblical Feasts*, 73.

에 묻혔다. 인간이 시달리던 모든 죄의 빚을 그분이 다 짊어지셨기 때문이다.

이런 예수 그리스도의 모습을 아름답게 묘사한 시가 있다. 무교절의 떡이 되어 모든 고난을 받은 후 버려진 그분의 모습을 노래로 옮겨 보자:15)

아무 흠도 없고 거룩 거룩하신 주 하나님 어린 양이 죽임을 당했네.
이는 나 위하여 십자가 위에서 못 박히사 깨뜨리신 주님의 몸일세.
이는 나 위하여 형벌을 받으사 주가 친히 대신 흘린 주의 보혈일세.
이는 주가 지금 나에게 주시는 영생하는 양식이요 마시는 잔일세.
심히 사모하는 떠나셨던 주님 속히 세상 다시 올 때 반가이 뵙겠네.
우리 그때까지 십자가를 지고 주의 자비함과 은혜 널리 전파하세.

위의 찬송시처럼, 무교병이 되어 십자가에서 깨어지고 무덤에 버려진 예수 그리스도를 우리는 전하면서 그분의 재림을 기다리는 신앙인들이 되어야 할 것이다.

---

15) 찬송가 229장 (통일찬송가 281장).

첫 이삭 절기

첫 이삭 절기는 봄에 있는 절기 가운데 마지막 절기이다. 이미 몇 번 언급된 것처럼, 이 절기는 유월절과 무교절과 더불어 봄의 절기를 이룬다. 구태여 날짜를 넣어서 보면, 이 3절기가 함께 가는 절기임을 쉽게 알 수 있다. 유월절의 날짜는 신력으로 니산월 14일이고, 무교절은 그 다음날 15일부터 21일까지이다. 그런데 첫 이삭은 안식일 이튿날에 드리라고 말씀하셨기에, 그날은 16일이다 (레 23:11). 그러니까 첫 이삭은 무교절의 두 번째 날에 드려졌다.

성경적 배경

이스라엘 백성의 7절기 가운데 세 번째 절기인 첫 이삭 절기의 성경적 배경을 알아보기 위하여 하나님의 말씀을 직접 들어보자:1)

---

1) 첫 이삭 절기는 히브리어로는 하 비쿠림(הבכורים)이라 불린다.

여호와께서 모세에게 말씀하여 이르시되, "이스라엘 자손에게 말하여 이르라. 너희는 내가 너희에게 주는 땅에 들어가서 너희의 곡물을 거둘 때에 너희의 곡물의 **첫 이삭** 한 단을 제사장에게로 가져갈 것이요, 제사장은 너희를 위하여 그 단을 여호와 앞에 기쁘게 받으심이 되도록 흔들되, 안식일 이튿날에 흔들 것이며, 너희가 그 단을 흔드는 날에 일 년 되고 흠 없는 수양을 여호와께 번제로 드리고, 그 소제로는 기름 섞은 고운 가루 십분의 이 에바를 여호와께 드려 화제로 삼아 향기로운 냄새가 되게 하고, 전제로는 포도주 사분의 일 힌을 쓸 것이며, 너희는 너희 하나님께 예물을 가져오는 그날까지 떡이든지 볶은 곡식이든지 생 이삭이든지 먹지 말지니, 이는 너희가 거주하는 각처에서 대대로 지킬 영원한 규례니라."

레위기 23:9~14

유월절이 지난 지 만 이틀 만에 찾아오는 첫 이삭 절기는 봄의 절기 가운데 마지막 절기이다. 그런데 첫 이삭 절기가 특이한 것은 유월절과 무교절은 이스라엘 백성이 애굽에 있을 때부터 지킨 절기인데 반하여, 첫 이삭 절기는 하나님이 그들에게 주실 땅에 들어가서 지키는 절기이다. 그 이유는 너무나 간단하다! 그들이 애굽을 떠나서 약속의 땅으로 들어갈 때까지 농사를 지을 수 없었기 때문이다. 그들은 광야를 지나는 동안 목적지를 향하여 끊임없이 움직여 나가는 이동 집단이었다.

약속의 땅 가나안으로 들어간 후 이스라엘 백성은 농사를 짓기 시작했는데, 한 해의 첫 수확물은 언제나 보리였다. 그들이 겨울에 씨를 뿌린 보리가 마침내 봄이 되어 수확하게 되면 그 첫 단을 성전으로 가져왔다. 수확을 허락하신 하나님에게 감사하기 위함이었다. 그리고 보리 수확은 그 해의 첫 소출(所出)이기에 앞으로 일 년 내내 있을 모든 소출을 대표하기도 했다. 따라서 풍성한 보리 수확은 하나님이 남은 농사에도 내리실 축복을 상징했다.[2]

하나님의 말씀에 의하면, 첫 이삭의 절기에 보리 한 단을 성전으로 가져와야 하고, 제사장은 그 단을 하나님이 받으시도록 흔들어 드려야 했다. 그 첫 이삭 한 단을 드릴 때 다음의 제물도 함께 드려야 했다: 번제로 일 년 된 흠 없는 수양 한 마리와 전제로 포도주와 그리고 소제로 기름을 섞은 고운 보리 가루이다. 그리고 이스라엘 백성은 첫 이삭을 하나님에게 드릴 때까지 수확물 중 어떤 것도 먹으면 안 되었다.[3] 다시 말해서, 첫 이삭을 드린 후에야 수확물을 먹을 수 있었다 (레 23:14).

하나님은 그 첫 이삭의 단을 받으시고 다시 성전에서 섬기는 제사장들과 레위 사람들에게 그 단을 그들의 양식으로 주셨다. 하나님이 당신을 위하여 헌신한 사람들의 삶을 책임지시겠다고 누누이 말씀하신 대로이다. 하나님은 다음과 같은 말씀에서 약속을 분명히 하셨다: "레위 사람 제사장과 레위의 온 지파는 이스라엘 중에 분깃도 없고 기업도 없을지니, 그들은 여호와의 화제물과 그

---

2) Howard & Rosenthal, *The Feasts of the Lord*, 75.
3) 그들이 제물을 하나님에게 드릴 때까지 수확물을 먹지 못하는 이유는 이렇다: 하나님이 그 땅의 주인이시며, 또 백성의 주님이심으로, 첫 번째 수확 곧 가장 좋은 것은 하나님에게 먼저 돌려야 하기 때문이다. 이를 위하여 다음을 참고하라, John E. Hartly, *Leviticus, Word Biblical Commentary*, 제4권, Glenn W. Barke 편집 (Dallas, TX: Word Books, Publisher, 1992), 386.

기업을 먹을 것이라"(신 18:1).

하나님은 레위인들 가운데서 제사장들을 특별히 챙기시는데, 그들은 하나님과 백성 사이의 중보자들이기 때문이었다. 그래서 하나님은 그들이 마땅히 받아야 할 양식을 구체적으로 열거하셨다: "제사장이 백성에게서 받을 몫은 이러하니, 곧 그 드리는 제물의 소나 양이나 그 앞다리와 두 볼과 위라; 이것을 제사장에게 줄 것이요, 또 네가 처음 거둔 곡식과 포도주와 기름과 네가 처음 깎은 양털을 네가 그에게 줄 것이니"(신 18:3~4).

그뿐 아니라 하나님은 이스라엘 백성이 약속의 땅 가나안에 들어가서 첫 이삭을 드리는 방법도 세세히 알려 주셨다. 하나님이 이스라엘 백성에게 하신 말씀을 들어보자: "네 하나님 여호와께서 네게 기업으로 주어 차지하게 하실 땅에 네가 들어가서 거기에 거주할 때에, 네 하나님 여호와께서 네게 주신 땅에서 그 토지의 모든 소산의 맏물을 거둔 후에, 그것을 가져다가 광주리에 담고, 네 하나님 여호와께서 그의 이름을 두시려고 택하신 곳으로 그것을 가지고 가서"(신 26:1~2).

이렇게 이스라엘 백성은 성전으로 와서 첫 이삭, 곧 맏물을 제사장에게 드렸는데, 그냥 드리는 것이 아니었다. 그들은 다음과 같은 신앙고백을 하면서 첫 이삭을 드렸다: "내가 오늘 당신의 하나님 여호와께 아뢰나이다; 내가 여호와께서 우리에게 주시겠다고 우리 조상들에게 맹세하신 땅에 이르렀나이다!"(신 26:3). 그 후 제사장은 그들의 손에서 첫 이삭이 든 광주리를 받아서 그것을 하나님의 단 앞에 놓았다(신 26:4).

제사장이 그 광주리를 단 앞에 놓기를 마치면, 이스라엘 백성은 하나님의 명령에 따라 제사장 앞에서 다음과 같은 하나님의 말씀을 낭송하였다:

> 너는 또 네 하나님 여호와 앞에 아뢰기를, "내 조상은 방랑하는 아람 사람으로서 애굽에 내려가 거기에서 소수로 거류하였더니, 거기에서 크고 강하고 번성한 민족이 되었는데, 애굽 사람이 우리를 학대하며 우리를 괴롭히며 우리에게 중노동을 시키므로, 우리가 우리 조상의 하나님 여호와께 부르짖었더니, 여호와께서 우리 음성을 들으시고, 우리의 고통과 신고와 압제를 보시고, 여호와께서 강한 손과 편 팔과 큰 위엄과 이적과 기사로 우리를 애굽에서 인도하여 내시고, 이곳으로 인도하사 이 땅 곧 젖과 꿀이 흐르는 땅을 주셨나이다. 여호와여, 이제 내가 주께서 내게 주신 토지 소산의 맏물을 가져왔나이다" 하고 너는 그것을 네 하나님 여호와 앞에 두고, 네 하나님 여호와 앞에 경배할 것이며. 신명기 26:5~10

이처럼 하나님의 말씀을 낭독하는 것은 첫 이삭 절기의 예식의 일환이지만, 그렇다고 단순한 예식만은 아니었다. 이스라엘 백성은 하나님이 그들을 노예의 신분에서 구출하셨을 뿐 아니라, 신생 국가로 탄생하게 하신 은혜를 마음속으로 기억하고 감사하였다. 특히 첫 이삭의 절기를 통하여 그들은 만물의 근원이신 전능자가 그들에게 은혜의 선물로 소산물을 주셨다는 사실을 고백하였고, 또 노예가 아니라 자유인으로 첫 이삭을 드릴 수 있게 된 것을 감사하였다.[4]

첫 이삭 절기 예식

이스라엘 백성은 첫 이삭 절기를 중요하게 여겼다. 그 결과 그들은 민족적으로 그 절기를 지키면서 기쁨을 나누었고, 또한 가정적으로도 그 절기를 지키면서 기쁨을 나누었다. 민족적으로나 가정적으로나 이스라엘 백성은 첫 이삭을 성전으로 가져와서 제사장에게 드렸다. 그러면 제사장은 그 이삭을 받아서 하나님에게 흔들어 드린 후 그 중 일부를 불에 태웠다. 그들이 어떻게 예식을 거행했는지 살펴보자.

민족적으로

이스라엘 백성은 일정한 장소를 선정하여 첫 이삭의 제물이 될 보리를 심는다. 그들이 선정한 장소는 애쉬스 계곡(the Ashes Valley)으로 알려진 곳 안에 있는데, 기드론 시내 맞은편에 자리한 자그마한 밭이다. 그 배후는 풀이 우거진 언덕이 있고 그리고 거기에는 감람나무들이 가득했다. 이곳은 아주 특별한 밭인데, 그 이유는 민족적으로 첫 이삭 예물만을 위하여 보리를 경작하는 밭이기 때문이다.[5]

늦은 가을에 그 밭을 갈고 그리고 겨울 중에 보리를 심는다.

---

4) Williams, *The Holidays of God: Spring Feasts*, 22.
5) Howard & Rosenthal, *The Feasts of the Lord*, 78. 이후의 내용은 전반적으로 이 저서에서 참고하였다.

관리자들은 끊임없이 그 밭을 돌아보면서 보리가 자연적으로 자라는지 관찰한다. 그 이유는 간단하다! 하나님에게 드릴 보리는 하나님이 키우시기에 그 보리에는 인위적으로 물을 주거나 또는 비료를 주어서는 안 된다. 겨울이 지나 봄이 되면서 그 밭은 황금색으로 변하기 시작한다. 오순절이 가까워 오면서 **산헤드린**의 대표들이 와서 보리 중에 몇 단을 택하여 표시를 해 둔다.

니산 월 15일 해질 무렵 **산헤드린**에서 세 제사장이 성전에 나타나면 흥분된 구경꾼들이 모여든다. 그들은 첫 이삭을 수확하기 위하여 그 보리밭으로 간다. 낫을 손에 잡고 광주리를 옆구리에 낀 채 그 세 사람은 미리 표시해 둔 보리 단으로 간다. 수확의 순간 모든 사람은 입을 다물기에 침묵이 흐른다. 갑자기 그 세 제사장이 정적을 깨고 소리를 지르면서 묻는다:

"해가 졌습니까?"
"이 낫으로요?"
"광주리에다가요?"
"이 안식일에요?"
"내가 수확할까요?"

그렇게 물을 적마다 사람들은 "예"라고 대답한다. 이렇게 똑같은 질문을 두 번 반복한 후 제사장들은 미리 표시해 둔 보리를 자르기 시작한다. 그들은 보리의 양이 **에바** 십분의 일, 곧 한 **오멜**(omer)이 될 때까지 보리를 추수한다.[6] 그 첫 이삭을 가지고 그들은 성전으로 온다. 그 이삭을 조심스럽게 도리깨로 두드린다. 그 다음에 그 곡물을 불에 쬐여 말린 후 바람에 까부르는데, 겨를 날려 보내기 위함이다.

그 다음 그 보리를 곱게 찧는데, 참으로 고운 가루가 될 때까지 찧는다. 〈탈무드〉에 의하면, 시험관이 그 보리 가루에 손을 넣어 보고 그 가루가 전혀 손에 묻지 않을 때까지 찧는다고 한다. 그 가루를 니산 월 16일에 첫 이삭 제물로 하나님에게 올린다. 그 가루와 더불어 감람유를 섞고 약간의 유향을 뿌린 후, 제사장은 그 제물을 흔들어서 하나님에게 드린다. 그 중 일부를 불에 태우고 나머지는 레위인들에게 돌린다.

가정적으로

첫 이삭 절기는 민족적으로 지키지만 가정적으로도 지킨다. 가정마다 각각 첫 이삭을 전으로 가져온다. 초봄에 이스라엘 농부들은 첫 이삭을 성별하는 예식을 거행한다. 농부들은 즐거워하는 자녀들과 함께 밭으로 나가서 다 익지 않은 보리 중 가장 좋은 것을 골라서 표시를 해 둔다. 표시된 곡물을 농부들은 상하지 않도록 조심스럽게 묶어 둔다. 그리고 농부들은 이렇게 외친다,

"보라, 이것이 첫 이삭이라."

---

6) 한 오멜은 약 2리터이다.

가족들은 표시해 둔 첫 이삭이 익어가는 모습을 보면서 매일 즐거워한다. 농부들은 자녀들과 함께 첫 이삭의 제물을 가지고 예루살렘으로 순례의 여행을 떠난다. 그리고 마침내 니산 월 16일이 된다. 성전 문밖에 도착한 농부들은 울려 퍼지는 피리 소리에 흥이 나서 화답한다,

그의 성소에서 하나님을 찬양하며! (시편 150:1)

성전 문 안에서는 레위인 성가대가 시편 30편으로 음악을 주도한다,

여호와여, 내가 주를 높일 것은 주께서 나를 끌어 내사 내 원수로 하여금 나로 말미암아 기뻐하지 못하게 하심이니이다....

많은 농부들은 하나님의 성전 안으로 들어가면서 이렇게 찬양하기도 한다,

호흡이 있는 자마다 여호와를 찬양할지어다!

물론 이 찬양은 누구나 할 수 있다. 제사장이 이제 첫 이삭 제물을 받으러 다시 백성들에게 나올 때 농부들은 낭랑한 목소리로 첫 이삭 제물의 기도를 올린다,

내가 오늘 당신의 하나님 여호와께 아뢰나이다; 내가 여호와께서 우리에게 주리라고 우리 조상들에게 맹세하신 땅에 이르렀나이다! (신명기 26:3)

이제 농부들은 어깨에서 광주리를 내려서 제사장에게 드린다. 껍질을 벗긴 버드나무로 만든 소박한 광주리 안에는 첫 이삭 제물인 보리가 한 단, 곧 한 **오멜**이 들어 있다. 제사장은 두 손을 광주리 밑에 넣고 천천히 그 광주리를 하나님에게 흔들어 드린다. 그때 농부들은 신명기 26장 5, 9~10절을 큰 소리로 낭독한다,

"내 조상은 방랑하는 아람 사람으로서 애굽에 내려가 거기에서 소수로 거류하였더니...번성한 민족이 되었는데...이곳으로 인도하사...내가 토지소산의 맏물을 가져왔나이다."

감사의 기도가 끝나면 제사장은 광주리를 가지고 번제단 앞으로 가져가서 곡물 한 움큼을 불에 던진다. 농부들은 엎드려서 하나님에게 경배한 후 다시 바깥뜰로 나오는데, 거기에는 가족이 기다리고 있다. 가족은 기뻐하면서 아버지의 무릎을 얼싸 안는다. 이제 그들은 첫 이삭의 절기를 거룩하게 지킨 것이다. 그들은 새로운 해에도 신실하게 수확을 주신 주님을 찬양하면서 가정으로 돌아간다.

좁은 의미의 첫 열매

신약성경에는 첫 이삭 내지 첫 열매(firstfruits)라는 단어가 8회 나온다. 그 중 둘은 예수 그리스도를 가리키고, 나머지는 그리스도인들을 가리킨다. 그런데 그리스도를 가리키는 첫 열매는 그분의 부활을 의미한다. 마치 보리가 추운 겨울을 지내는 동안 죽어서 땅 속에 묻혀 있다가 봄이 되어 새싹으로 부활하는 것과 같다. 그렇게 소생한 보리 중 첫 이삭을 성별하여 하나님에게 드리듯, 예수 그리스도도 죽은 지 삼 일 만에 다시 살아나셔서 하나님에게 성별되셨다 (롬 1:4).

그러면 예수 그리스도가 죽으셨다가 다시 부활하여 첫 열매가 되셨다는 바울 사도의 선포를 직접 읽어보자, "그러나 이제 그리스도께서 죽은 자 가운데서 다시 살아나사 잠자는 자들의 첫 열매가 되셨도다" (고전 15:20). 이 말씀에 의하면, 부활하신 예수 그리스도는 잠자는 자들의 첫 열매이시다. 위에서 본 것처럼, 첫 열매는 앞으로 있을 모든 수확을 대표한다. 그러므로 예수 그리스도는 모든 부활할 자들 가운데 가정 먼저 부활하신 분이시다.[7]

이것을 다른 말로 표현하면 다음과 같다: 예수 그리스도가 모든 잠자는 자들, 곧 죽은 자들 가운데서 제일 먼저 부활하셨기에 다른 사람들도 언젠가 부활한다. 여기에서 최초의 수확물은 언제나 가장 좋은 수확물을 의미하기에 나머지 수확물은 종류는 같되 첫

---

7) Anthony C. Thiselton, *The First Epistle to the Corinthians* (Grand Rapids, MI: William B. Eerdmans Publishing House, 2000), 1224.

수확물만큼 뛰어나지 않을 수도 있다.[8] 그러나 반드시 첫 수확물을 따라 나머지 수확물이 뒤따르듯, 다른 모든 사람들도 언젠가는 반드시 부활한다. 그런데 그 가운데서 그리스도가 제일 먼저 부활하셨다는 뜻이다.

그런 내용을 보충하기 위하여 바울은 이렇게 부연 설명을 한다, "그러나 각각 자기 차례대로 되리니, 먼저는 첫 열매인 그리스도요, 다음에는 그가 강림하실 때에 그리스도에게 속한 자요, 그 후에는 마지막이니, 그가 모든 통치와 모든 권세와 능력을 멸하시고 나라를 아버지 하나님께 바칠 때라" (고전 15:23~24). 이 말씀에서 그리스도 다음으로 부활할 사람들이 두 종류가 있는데, 첫째는 그분의 재림 시, 그리고 둘째는 그에게 붙은 자들로 그리스도인들이다.

그러나 마지막으로 부활할 사람들은 예수 그리스도를 거부한, 다시 말해서, 인류로 하여금 하나님을 대적하게 한 세력이다.[9] 그들도 마침내는 영원한 몸으로 부활하여 영원한 심판을 받게 될 것이다. 예수님 자신도 이런 이중적인 부활을 언급한 바 있으시다: "선한 일을 행한 자는 생명의 부활로, 악한 일을 행한 자는 심판의 부활로 나오리라" (요 5:29). 물론 이 말씀에서 선한 일은 하나님의 선한 뜻대로 그분의 아들 예수 그리스도를 구세주로 받아들이는 믿음의 행위를 의미한다 (요 6:29 참조).

---

8) Ibid., 1223.
9) Frederic Louis Godet, *Commentary on First Corinthians* (Grand Rapids, MI: Kregal Publications, 1977), 788.

그러면 예수 그리스도는 어느 날 부활하셨는가? 레위기에 의하면 첫 이삭의 절기는 안식일 다음날이라고 명시되어 있다 (레 23:11). 그런데 신약성경의 첫 이삭이신 예수 그리스도도 역시 안식일 이튿날 부활하셨다. 성경은 그날을 이렇게 명시하고 있다, "안식일이 다 지나고 안식 후 첫날이 되려는 새벽에 막달라 마리아와 다른 마리아가 무덤을 보려고 갔더니" (마 28:1). 그렇다! 그분은 다른 아무 날에나 부활하지 않으시고 레위기에 기록된 대로 주일에 부활하셨다.

다시 한 번 예수 그리스도의 죽음과 부활을 레위기에 비추어 보는 것도 유익할 것이다. 예수님은 니산 월 14일에 제자들과 유월절 절기를 지키셨고, 그리고 십자가에서 죽으셨다. 그리고 니산 월 15일, 예비일에 무덤에 묻히셨다: "이 날은 준비일 곧 안식일 전날이므로 저물었을 때에 아리마대 사람 요셉이 와서 당돌히 빌라도에게 들어가 예수의 시체를 달라 하니, 이 사람은 존경 받는 공회원이요, 하나님의 나라를 기다리는 자라" (막 15:42~43).

니산 월 15일은 무교절인데, 그날은 토요일이기도 하다. 예수 그리스도는 모든 고난과 죽음을 감수하시고, 마침내 저 참혹한 무덤에 묻히신 것이다. 그러나 예수 그리스도는 인류의 죄와 심판을 짊어지신 분이시기에 무덤에 머물러 있을 수가 없으셨다. 그분은 인류의 죄가 용서되었다는 것을 선언하기 위하여 부활하셨다 (롬 4:25). 그분의 부활은 바로 니산 월 16일, 곧 첫 이삭 절기에 일어난 역사적 사건이었다.[10]

---

10) Francis, *Celebrate the Feasts of the Lord*, 46~47.

많은 사람들이 성전에서 첫 이삭의 제물을 드리면서 기뻐하고 찬양하고 있을 때, 예수 그리스도는 죽음의 장벽을 뚫고 부활하셨다. 제사장들이 첫 이삭의 제물을 하나님 앞에 위 아래로 흔들고 있을 때, 예수 그리스도는 아래에서 위로 부활하셨다. 그분은 진정으로 죽은 자 가운데서 부활하신 첫 보리 단이셨다. 그뿐 아니었다! 제사장들이 제물을 흔든 것처럼, 예수 그리스도는 위로 올라가셔서 하나님에게 부활의 첫 열매인 자신을 드리셨던 것이다.[11]

넓은 의미의 첫 열매

하나님은 예수 그리스도만을 첫 열매라고 부르지 않으셨다. 그리스도 이외에도 첫 열매라고 불린 사람들이 여럿 있었는데, 그 가운데는 이스라엘 백성도 있었다. 예레미야를 통하여 하나님이 이스라엘 백성을 당신의 첫 열매라고 하신 말씀을 들어보자, "이스라엘은 여호와를 위한 성물(聖物), 곧 그의 소산 중 첫 열매이니"(렘 2:3). 그러면 이스라엘은 어떻게 하나님의 첫 열매가 되었단 말인가? 이 질문에 대한 해답은 유월절에서 찾을 수 있다.

이스라엘 백성이 출애굽을 경험하기 직전, 모든 장자와 동물의 첫 새끼는 죽음과 심판이라는 저주 아래 놓여 있었다.[12] 그 저주로부터 해방되는 방법은 아무 흠도 없는 유월절 어린 양의 피를

---

11) Booker, *Celebrating Jesus in the Biblical Feasts*, 87.
12) Howard & Rosenthal, *The Feasts of the Lord*, 84.

통해서만 가능했다. 죽음과 피라는 방법을 제시하신 하나님을 믿고, 그 믿음을 행동으로 옮겨야만 했다. 이스라엘 백성은 그들의 장자 대신 유월절 양을 죽이고, 그 피를 문에 뿌림으로 죽음을 면할 뿐 아니라, 출애굽을 경험할 수 있었다 (출 12:12~13).

그때부터 이스라엘 백성의 장자와 모든 동물의 첫 새끼는 하나님이 하나님의 방법으로 살리셨기에 하나님의 소유가 되었다 (출 34:19). 그런데 장자는 가족 전체를 대표하고, 동물의 첫 새끼는 동물 전체를 대표한다. 그런 이유 때문에 하나님은 이스라엘을 당신의 소산물 중 첫 열매라고 선언할 수 있으셨다. 그러나 하나님은 은혜를 베푸셔서 가족의 대표인 첫 아들만을 요구하신 것이다. "네 처음 난 아들들을 내게 줄지며" (출 22:29).

실제로 하나님은 모든 소산물의 근원이시기에 모든 산물은 하나님의 것이다. 그러나 하나님은 장자의 경우처럼 소산물 가운데 첫 열매만을 요구하셨다. 하나님의 말씀을 들어보자, "네 토지에서 처음 거둔 열매의 가장 좋은 것을 가져다가 너의 하나님 여호와의 전에 드릴지니라" (출 23:19). 이 원리는 이스라엘의 땅에서 나는 일곱 가지 중요한 농산물—보리, 밀, 포도, 무화과, 석류, 감람, 꿀—에도 적용되었다 (신 8:8).

신약성경에서 첫 열매라는 표현이 여덟 번 나온다. 그 중에 두 번은 위에서 본 대로, 예수 그리스도의 부활을 가리킨다. 이렇게 볼 때 이스라엘의 중요한 농산물이 일곱 가지인 사실을 염두에 둔 듯, 신약성경에서 첫 열매라는 표현은 일곱 가지로 볼 수 있다. 그런데 예수 그리스도가 부활하실 때 많은 성도들이 함께 부활한 사실을 마태복음은 기록하고 있다. 구약성경에서 첫 보리 이삭 한 단을 드렸는데, 한 단이 되기 위해서 보리 줄기 여러 개를 한데 묶는 것과 같은 원리이다.

마찬가지로, 예수 그리스도가 첫 열매로 부활하실 때 많은 줄기들, 곧 많은 성도들이 한데 묶여서 하나님에게 드려졌다.[13] 이런 사실을 분명히 제시한 말씀을 보자, "무덤들이 열리며, 자던 성도의 몸이 많이 일어나되, 예수의 부활 후에 그들이 무덤에서 나와서 거룩한 성에 들어가 많은 사람에게 보이니라" (마 27:52~53). 하나님이 부활의 첫 열매인 예수 그리스도를 받으셨기에, 그분과 함께 **단**이 된 성도들을 같이 받으신 것이다.

바울 사도는 사랑하는 에배네도가 "아시아에서 그리스도께 **처음 맺은 열매**"라고 언급하였는데 (롬 16:5), 첫 열매는 그처럼 개인에게만 해당되는 것이 아니라 가족에게도 해당되었다. 그는 고린도의 교회에게 스데바나 가정을 존중히 여기고 또 복종해야 한다고 이렇게 말했다, "형제들아, 스데바나의 집은 곧 아가야의 **첫 열매**요, 또 성도 섬기기로 작정한 줄을 너희가 아는지라. 내가 너희를 권하노니, 이 같은 사람들과 또 함께 일하며…순종하라" (고전 16:15~16).

어떻게 이런 사람들이 그리스도 안에서 첫 열매가 되었는가? 그 열매의 뿌리 때문이었다. 바울의 말을 들어보자, "제사하는 **처음 익은 곡식 가루**가 거룩한즉 떡덩이도 그러하고, 뿌리가 거룩한즉 가지도 그러하니라" (롬 11:16). 이 말씀에서 "처음 익은 곡식 가

---

13) Booker, *Celebrating Jesus in the Biblical Feasts*, 86.

루”는 하나님이 이스라엘의 조상, 곧 아브라함과 이삭과 야곱을 첫 열매로 받으셨기에 거기에 믿음으로 접붙인 바 된 성도들도 역시 받으신다는 말씀이다.[14]

그러면 어떤 방법으로 그리스도인들이 부활의 첫 열매가 되었는가? 하나님은 두 가지 방법을 사용하셔서 그들을 첫 열매로 받으셨다. 첫 번째 방법은 **진리의 말씀**이다. 야고보가 설명한 방법을 직접 확인하자, “그가 그 피조물 중에 우리로 한 **첫 열매**가 되게 하시려고 자기의 뜻을 따라 진리의 말씀으로 우리를 낳으셨느니라” (약 1:18). 그들을 그리스도와 함께 부활의 열매가 되게 하신 것은 능력의 말씀이다 (벧전 1:23 참고).

둘째 방법은 **성령의 역사**이다. 바울 사도가 제시한 방법을 성경에서 알아보자, “그뿐 아니라 또한 우리 곧 성령의 **처음 익은 열매**를 받은 우리까지도 속으로 탄식하여 양자 될 것, 곧 우리 몸의 속량을 기다리느니라” (롬 8:23). 부활의 열매인 성도들은 성령이 그들의 삶 속에 내주(內住)하신다. 그리고 어느 날 주님이 재림하실 때 성령은 그들의 한계 있는 육체가 썩지 않을 몸, 신령한 몸, 영광의 몸으로 변화될 것을 보증하신다 (엡 1:14).

첫 열매라는 표현이 신약성경에서 마지막으로 적용된 사람들은 이스라엘 사람들이다. 각 지파에서 12,000명씩, 모두 144,000명이 첫 열매로 묘사되었는데, 우선 그 사실을 하나님의 말씀으로 확인하자, “이 사람들은 여자와 더불어 더럽히지 아니하고 순결한 자라. 어린 양이 어디로 인도하든지 따라가는 자며 사람 가운데에

---

14) Howard & Rosenthal, *The Feasts of the Lord*, 85.

서 속량함을 받아 **처음 익은 열매**로 하나님과 어린 양에게 속한 자들이니"(계 14:4).

도대체 이들이 왜 처음 익은 열매인가? 그들이 처음 열매인 이유는 그들의 신분과 사역 때문이다. 주님이 다시 오실 때, 교회는 휴거되어 이 지상에 더 존재하지 않을 것이다. 그때에 모든 사람들이 환란 중에 있으나, 144,000의 이스라엘 사람들은 이스라엘 민족 가운데서 수확을 거두어들이게 될 것이다. 그들은 남은 이스라엘 민족이 회개할 것을 촉구하여 그 민족을 예수 그리스도 앞으로 이끌 것이다. 그들은 첫 열매가 되어 많은 열매를 거둘 것이다.15)

---

15) Ibid., 85~86.

오순절을 기다리며

우리는 지금까지 봄의 절기인 유월절, 무교절 및 첫 이삭 절기를 살펴보았다. 유월절은 예수 그리스도의 죽음과 연결되었고, 무교절은 예수님의 고난과 무덤으로 연결되었다. 그러나 그렇게 소극적인 두 절기 뒤에는 적극적인 절기가 기다리고 있었는데, 바로 첫 이삭 절기였다. 첫 이삭 절기는 부활의 첫 열매인 예수 그리스도와 연결되었다. 그분은 죽은 지 삼 일 만에 다시 살아나셔서 죽음을 기다리던 인류에게 새로운 소망을 던져 주셨다.

그러나 첫 이삭 절기는 초여름의 절기인 오순절의 날짜를 결정하는 중요한 절기이다. 다른 말로 하면, 첫 이삭 절기, 곧 첫 보리의 첫 이삭 한 단을 하나님에게 가져온 날부터 오순절까지 날짜를 헤아려야 한다. 결국 첫 이삭의 절기가 오순절의 날짜를 결정한다고 해도 지나친 말은 아니다. 그런 까닭에 첫 이삭의 절기는 오순절과 긴밀히 연결되어 있다. 그러면 그 연결 고리를 보기 위하여 성경으로 돌아가자:

안식일 이튿날 곧 너희가 요제로 곡식단을 가져온 날부터 세어서

일곱 안식일의 수효를 채우고, 일곱 안식일 이튿날까지 합하여 오
십 일을 계수하여 새 소제를 여호와께 드리되

레위기 23:15~16

이 말씀에 의하면, 이스라엘 백성은 요제로 단을 가져온 날부
터 날수를 세기 시작해야 한다. 물론 단을 가져온다는 말은 첫
이삭 절기에 보리 첫 이삭 한 단을 제사장에게 가져온다는 말이
다. 그리고 요제라는 말은 제사장이 그 단을 받아가지고 하나님
앞에서 흔들어 드리는 방법을 의미한다. 첫 이삭의 제물을 가져
온 날부터 이스라엘 백성은 날짜를 세기 시작하는데, 모두 50일을
세어야 한다.

그 이유는 간단하다! 먼저 "일곱 안식일의 수효를 채우라"고 하
셨는데, 그것은 49일을 의미한다. 한 안식일이 되려면 주일부터
토요일까지 7일이며, 7안식일을 채우라는 명령은 결국 안식일을
7번 지날 때까지 계속 날짜를 세라는 의미이다. 그렇게 해서 49일
을 채운 후, 제7안식일 이튿날을 또 헤아리면 결국 50일이 된다.
첫 이삭의 제물을 드린 날부터 50일째 되는 날 새로운 소제, 곧
곡물제를 드리라는 것이다. 바로 그날이 오순절이다.

그날이 오순절이라고 불리는 이유는 알고 보면 간단하다. 오는
다섯을 가리키는 오(五)이고, 순(旬)은 열을 가리킨다. 그러므로 열
이 다섯 번 되는 절기라는 뜻이다. 다시 말해서, 첫 이삭 절기부터
50일째 되는 날이 바로 오순절이다. 이 오순절은 칠칠절이라고도
불리는데, 첫 이삭 절기부터 7주가 지난 것을 강조하기 위함이다.

맥추절이라고도 불리는데, 밀을 추수하는 절기이기 때문이다. 초실절이라고도 불리는데, 봄이 지난 후 첫 번째 수확이기 때문이다 (출 34:22).

이스라엘 백성은 이처럼 중요한 날짜를 헤아리는 50일 간의 행사를 히브리어로 **스피랏 하오멜**(ספרת העמר)이라고 부른다. **스피랏**은 "세다" 혹은 "헤아리다"의 의미이고, **하오멜**은 단의 의미이다 (**하**는 히브리어의 정관사에 해당함으로 아무런 뜻이 없다). 그러므로 이것을 직역하면 **오멜** 헤아리기라고 할 수 있다. 그런데 **오멜**은 흥미로운 단어인데, 그 이유는 이중적인 의미를 가지고 있기 때문이다.

본래 **오멜**은 부피를 가리키는 단위로, 에바 10분의 1에 해당하며 2리터의 부피를 말한다 (출 16:36). 그런데 위의 성경에서는 단으로 번역되었다. 그러니까 **오멜**은 고체의 부피를 가리키는 단위일 수도 있고, 한글성경에서 번역된 대로 단일 수도 있다. 레위기 23장 10, 11, 12, 15절에서 이것은 모두 단으로 번역되었다. 그중에 한 곳만 인용해 보자, "너희는 내가 너희에게 주는 땅에 들어가서 너희의 곡물을 거둘 때에, 너희의 곡물의 첫 이삭 한 **단**을 제사장에게로 가져갈 것이요" (레 23:10).

오멜 헤아리기 (Counting the Omer)

이렇게 이중적인 의미를 지니고 있는 **오멜**은 번역하기도 어렵다. 그러므로 필자는 원어대로 **오멜**을 사용할 것이다.[1] 그 의미는 언제나 이중적이다. 제사장이 보리 첫 이삭 한 **오멜**을 하나님에게 흔들어서 드린 날부터 이스라엘 백성은 오순절이 될 때까지 매일 날짜를 세어야 한다. 그런 이유 때문에 그 세는 행위를 **오멜** 헤아리기라고 한다. 이스라엘 백성은 이 **오멜** 세기를 아무렇게나 하지 않고 규칙에 따라 센다.2)

이스라엘 백성은 저녁에, 그러니까 그들에게 새로운 날이 시작되면, 가족끼리 모여서 **오멜**을 세기 시작한다. 먼저 부모가 하나님의 말씀을 읽는다:

"안식일 이튿날...부터...세어서 일곱 안식일의 수효를 채우고, 일곱 안식일 이튿날까지 합하여 오십 일을 계수하여 새 소제를 여호와께 드리되" (레위기 23:15~16).

그 말씀이 끝나면 온 가족이 이렇게 말한다:

"오늘은 **오멜** 첫째 날입니다."

그리고 그날에 해당하는 시편을 읽는다 (부록 1 참고).
그 다음 도표에 날짜 표시를 한다 (부록 2 참고).
그들은 **오멜**을 세면서 이런 기도를 올린다:

---

1) Noordtzij도 이중적인 의미를 감안하여 원어대로 **오멜**로 부른다. Noord-tzij, *Bible Student's Commentary: Leviticus*, 23.
2) 이 규칙을 보기 위하여 다음을 참고하라, Zimmerman, *Celebrating Biblical Feasts*, 101 이하.

"우리 조상의 하나님, 여호와 하나님, 오늘 내가 헤아린 오멜 때문에
내가 범한 잘못이 있거든 고쳐 주시고...위에 계신 분의 거룩으로 나
를 정결하게 하시고 성결하게 하여 주옵소서."3)

마지막으로 다음의 기도로 끝을 맺는다:

"우리는 우주의 왕이신 우리 하나님 여호와를 찬양합니다. 그분
은 우리에게 순종할 수 있는 명령을 주셨습니다. 우리는 당신의 율법
들에 순종하기를 원하나이다. 왜냐하면 그 율법들은 우리로 하여금
당신과 그리고 다른 사람과 올바른 관계에서 살게 하실 것을 알기
때문입니다.

우리가 돌들에 걸려 넘어질 때 우리를 일으켜 세우셔서 감사하고,
또 당신의 성령을 보내셔서 우리를 위로하시니 감사합니다!"

그 다음날도 똑같은 예식이 치러지는데, 단지 다른 것은 날짜뿐
이다. 두 번째 날에는 이렇게 말한다, "오늘은 **오멜** 둘째 날입니
다." 세 번째 날에는 이렇게 말한다, "오늘은 **오멜** 셋째 날입니다."
열 번째 날에는 이렇게 말한다, "오늘은 **오멜** 열째 날입니다." 이스
라엘 백성은 가정에서 (가정이 여의치 않을 때는 회당에서) 이렇게 매일
숫자를 하나씩 올리면서 오순절까지 계속한다.

이스라엘 백성이 올린 기도를 보면, 그들은 오순절을 기다리는
간절한 마음도 있었지만, 매일의 삶을 돌이켜 보는 것에도 무게를

---

3) *Shavuot–Its Observance, Laws and Significance* (Brooklyn, NY: Mesorah
Publications, Ltd., 1997), 35. Williams, *The Holidays of God: Spring Feasts*,
24에서 재인용.

두고 있다. 그들은 그들의 삶을 돌이켜보면서 첫 이삭을 드린 날부터 50일째 되는 날, 곧 오순절에 하나님이 이루실 큰일을 기대하는 것이다. **오멜**을 헤아리는 이 기간은 한편 그리운 친구를 기다리는 것처럼 기대에 가득할 뿐 아니라, 새로운 하나님의 절기를 기다리는 간절한 마음이 표현된다.

신약성경에서

신약성경에 비추어 볼 때, 이 기간은 예수 그리스도가 부활하신 후 성령이 강림하기까지 50일의 기간이다. 이 기간은 다시 둘로 나뉘는데, 40일과 10일이다. 첫 40일 동안 예수 그리스도는 이 세상에서 제자들 및 가까운 사람들과 보내셨다. 그리고 마지막 10일은 예수 그리스도가 마침내 승천하셔서 하나님에게로 돌아가신 후의 기간이다. 그 50일이 차자 그분은 하나님의 우편에서 하나님으로부터 성령을 받아 120명의 성도들에게 부어 주셨다.

이 과정, 곧 예수 그리스도가 부활하시고, 승천하시고, 그리고 성령을 부어 주신 과정을 베드로 사도는 오순절에 성령 충만함을 경험한 후 잘 정리해서 진술하였다. 그가 성령의 능력에 따라 진술한 내용을 보자, "이 예수를 하나님이 살리신지라. 우리가 다 이 일에 증인이로다. 하나님이 오른손으로 예수를 높이시매, 그가 약속하신 성령을 아버지께 받아서 너희가 보고 듣는 이것을 부어 주셨느니라"(행 2:32~33).

제자들에게 이 50일의 기간은 한편 은혜의 기간이었지만, 또 한편 기다림의 기간이었다. 그 기간이 은혜인 것은 그들을 저버리듯 십자가에서 죽으신 예수 그리스도가 부활하셨기 때문이다. 그 기간이 기다림의 기간인 것은 부활하신 그리스도가 누누이 다짐하신 것이 있으셨기 때문이다. 그것은 제자들이 몇 날이 못 되어 아버지의 약속, 곧 성령의 임재와 충만을 받게 되리라는 약속이었다 (눅 24:49; 행 1:5).

이스라엘 백성이 매일을 세면서 50일을 기다린 것처럼, 그리고 예수님의 제자들이 50일간을 기다린 것처럼, 우리 그리스도인들도 기다릴 때는 기다려야 할 필요가 있을 것이다. 제자들이 자신들을 돌아보며 기다린 것처럼 (행 1:16 이하), 우리도 우리 자신을 돌아보며 기다려야 할 것이다. 제자들이 전심으로 기도하면서 기다린 것처럼 (행 1:14), 그리고 마침내 성령의 충만함을 받은 것처럼 (행 2:4), 우리도 기도하면서 성령 충만을 받아야 할 것이다.

그런데 예수 그리스도는 부활하신 후 지상에 계시는 40일 동안, 다시 말해서, 승천하시기 전 제자들에게 기다리라고 누누이 말씀하셨다. 그러나 단순히 기다리라고만 말씀하지 않으시고, 오히려 그 기간을 통하여 중요한 가르침들을 제자들에게 주셨다. 첫 번째 중요한 가르침은 그들이 주님을 대신하여 세상으로 파송을 받는다는 사실이었다. "아버지께서 나를 보내신 것 같이 나도 너희를 보내노라" (요 20:21).

다시 말해서, 지금부터 제자들은 그들의 주님, 예수 그리스도를 대신하여 복음을 전해야 한다는 엄청난 가르침이었다.[4] 부활하신 주님이 제자들에게 제일 먼저 주신 이 가르침은 인간적으로는 절대 불가능한 일이었다. 그런 사실을 너무나 잘 아시는 주님은 그들에게 "성령을 받으라"고 말씀하셨다 (요 20:22).

그렇다! 그들의 힘만으로는 절대로 불가능한 세계 복음화가 성령의 임재와 역사로 이루어진다는 사실을 가르치며, 동시에 경험하게 하기 위하여 주님은 성령을 선물로 주신 것이다. 만일 이런 경험이 없었다면, 주님께서 승천하시기 전에 "아버지께서 약속하신 것을 너희에게 보내리니, 너희는 위로부터 능력으로 입혀질 때까지 이 성에 머물라"는 주님의 명령에 순종하지 않았을지도 모른다 (눅 24:49; 행 1:4).

그 후 예수 그리스도는 제자들에게 세계 복음화에 관한 중요한 가르침을 구체적으로 가르치셨다. 예를 들면, 마가복음에서는 "너희는 온 천하에 다니며, 만민에게 복음을 전파하라"고 명령하셨다 (막 16:15). 복음을 가장 효과적으로 전하는 방법도 가르치곤 하셨는데, 그 가르침은 마태복음에서 찾을 수 있다, "너희는 가서 모든 민족을 제자로 삼아"라고 명령하셨다 (마 28:19). 그리고 다른 가르침에서는 성령을 힘입지 않고서는 이런 사역들이 불가능하다는 사실을 알려 주셨다 (행 1:8).

이스라엘 백성이 첫 이삭 절기 후, 자신을 정결하게 하면서 또

---

4) 주님이 제자들에게 성령을 주신 것은 세 가지 면에서 전환점이 되었다: 첫째, 성령을 통하여 주님의 사역이 제자들의 사역으로 바뀜; 둘째, 성령을 통하여 인간적인 한계를 극복; 셋째, 죄인의 구원이 성령의 사역으로 됨. 이를 위하여 다음을 참고하라, 홍성철, 『주님의 지상명령: 성경적 원리와 적용』(서울: 도서출판 세복, 2004), 29.

기대에 가득 차서 50일을 헤아린 후 오순절을 맞이한 것처럼, 제자들도 한편 자신을 돌아보며 (행 1:16 이하), 또 한편 기대에 가득 차서 기도하면서 기다렸다. 그리고 유월절의 양이시요, 무교절의 주인공이신 예수 그리스도가 부활의 첫 열매가 되어서 제자들로 하여금 다음 절기, 곧 오순절을 기다리게 하셨던 것이다. 왜냐하면 그때에 그들이 성령을 충만하게 받을 것이기 때문이다.

【부록 Ⅰ】

다음의 시편은 매일 **오멜**을 세면서 읽는 말씀이다.5)

날	묘 사	시 편
1	여호와의 율법	119:1~8
2	여호와의 율법에 순종	119:9~16
3	여호와의 율법 안에 있는 행복	119:17~24
4	여호와의 율법을 순종하기로 결단	119:25~32
5	이해를 위한 기도	119:33~40
6	여호와의 율법을 의지하기	119:41~48
7	여호와의 율법을 신뢰	119:49~56
8	여호와의 율법에 대한 전념	119:57~64
9	여호와의 율법의 가치	119:65~72
10	여호와의 율법의 공의	119:73~80
11	구출을 위한 기도	119:81~88
12	여호와의 율법에 대한 믿음	119:89~96
13	여호와의 율법에 대한 사랑	119:97~104
14	여호와의 율법에서 오는 빛	119:105~112
15	여호와의 율법 안에 있는 안전	119:113~120
16	여호와의 율법에 대한 순종	119:121~128
17	여호와의 율법을 순종하기 원함	119:129~136
18	여호와의 율법의 공의	119:137~144
19	구출을 위한 기도	119:145~152
20	구원을 위한 간구	119:153~160
21	여호와의 율법에 대한 헌신	119:161~168
22	도움을 위한 기도	119:169~176

---

5) 이 부록은 Zimmerman, *Celebrating Biblical Feasts*, 103~5에서 가져온 것이다.

23	진정한 행복	1:1~6
24	주님에 대한 신뢰	11:1~7
25	하나님의 요구	15:1~5
26	여호와의 율법	19:7~14
27	안내를 위한 기도	25:4~10
28	하나님에 대한 갈망	63:1~8
29	감사의 노래	67:1~7
30	하나님과 그의 백성	78:1~16
31	하나님과 그의 백성	78:17~31
32	하나님과 그의 백성	78:32~39
33	하나님과 그의 백성	78:40~55
34	하나님과 그의 백성	78:56~72
35	왕이신 하나님	93:1~5
36	재판관이신 하나님	94:12~23
37	찬양의 노래	95:1~7
38	지존하신 왕이신 하나님	96:1~13
39	세상의 지배자이신 하나님	98:1~9
40	지존하신 왕이신 하나님	99:1~9
41	하나님의 사랑	103:1~22
42	하나님과 그의 백성	105:1~11
43	여호와의 선하심	106:1~5
44	여호와를 찬양하며	111:1~10
45	선한 사람의 행복	112:1~10
46	순종의 보상	128:1~6
47	도움을 위한 기도	130:1~8
48	감사의 기도	138:1~8
49	우주로 하나님을 찬양하도록 요청	148:1~14
50	여호와를 찬양하라	150:1~6

【부록 Ⅱ】

오멜을 셀 적마다 가족의 자녀 중 하나가 해당 날짜에 X표를 친다.[6]

오멜 첫째 날 X					

---

6) Ibid., 102.

오순절

오순절은 유월절과 초막절로 더불어 이스라엘의 삼대 절기 중하나이다. 오순절은 본래 헬라어에서 유래된 단어로 50일이라는 뜻이다.[1] 이미 살펴본 것처럼, 첫 이삭을 드린 날부터 시작해서 50일째 되는 날이 오순절이다. 결국 오순절은 첫 이삭 절기를 기준으로 오기 때문에 레위기 23장에서는 그 절기의 이름조차 거론되지 않는다. 단지 "안식일 이튿날 곧 너희가 요제로 곡식단을 가져온 날부터 세어서 일곱 안식일의 수효를 채우고, 일곱 안식일 이튿날까지 합하여 **오십 일**을 계수하여"라고 기록된다 (레 23:15~16).

첫 이삭 한 단을 드리는 절기는 보리를 드리는 절기이다. 그러나 그 후 50일이 지나서 드리는 제물은 보리가 아니라 밀이다. 그 밀의 수확은 초여름의 첫 수확물이다. 그런 이유 때문에 이스라엘 백성은 그것을 "수확의 절기"라고 하는데, 한글성경에서는 맥추절이라고 그 의미를 담아서 번역한다. 그러나 그 밀이 첫 수확물이라고 성경은 분명히 언급한다, "맥추절을 지키라; 이는 네가 수고

---

1) 오순절은 헬라어로 펜테코스테($\pi\varepsilon\nu\tau\eta\kappa o\sigma\tau\eta$)이다.

하여 밭에 뿌린 것의 첫 열매를 거둠이니라" (출 23:16).[2]

위에서 이미 언급한 것처럼, 오순절에 **밀**의 첫 열매를 드리기 때문에 첫 열매 절기라고도 한다 (민 28:26).[3] 그러나 이스라엘 백성에게 가장 잘 알려진 이름은 칠칠절이다. 칠칠절은 일주일이 7번 지난 후에 오순절이 온다는 의미이다. 히브리어로는 단순히 주간(週間) 절기(the feast of weeks)인데, 한글성경에서는 그것을 풀어서 칠칠절이라고 번역한다.[4] 이스라엘 백성은 칠칠절을 **샤부오트**라고 부른다.

이스라엘 백성은 오순절을 존귀하고도 즐거운 절기로 지켰는데, 그 이유는 여러 가지이다. 첫째는 밀의 추수 때문이고, 둘째는 그 밀의 추수가 초여름의 첫 열매이고, 셋째는 그날에 십계명을 받았기 때문이다. 그들이 모세를 통하여 십계명과 토라를 받은 날을 귀하게 여기는 것은 너무나 당연했다.[5] 그뿐 아니었다! 세월이 흘러서 이스라엘 백성이 가장 존경하는 다윗 왕이 바로 그날 태어났고 또 그날에 죽었다고 믿기 때문이었다.[6]

---

2) 히브리어로 맥추절, 곧 수확의 절기는 **하그 하 카치르**(חג הקציר)이다. 여기에서 **하그**는 절기이고, **하**는 정관사이며, **카치르**는 수확이란 뜻이다.

3) 히브리어로는 **하그 하 비쿠림**(חג הבכורים)이라고 불리는데, 여기에서 **비쿠림**은 첫 열매의 뜻이다.

4) 히브리어로는 **하그 하 샤부오트**(חג השבועות)라고 불리는데, **샤부오트**는 주간들(weeks)의 뜻이다.

5) Epstein, *All about Jewish Holidays and Customs*, 68.

6) Ibid., 71.

성경적 배경

이처럼 중요한 초여름의 절기, 오순절의 성경적 배경을 알아보기 위하여 본문을 직접 찾아보는 것은 너무나 중요하다. 두말할 필요도 없이 이 말씀도 하나님이 모세를 통하여 이스라엘 백성에게 직접 주신 말씀이다:

> 안식일 이튿날 곧 너희가 요제로 곡식단을 가져온 날부터 세어서 일곱 안식일의 수효를 채우고, 일곱 안식일 이튿날까지 합하여 **오십 일**을 계수하여 새 소제를 여호와께 드리되, 너희의 처소에서 십분의 이 에바로 만든 떡 두 개를 가져다가 흔들지니, 이는 고운 가루에 누룩을 넣어서 구운 것이요, 이는 첫 요제로 여호와께 드리는 것이며, 너희는 또 이 떡과 함께 일 년 된 흠 없는 어린 양 일곱 마리와 어린 수소 한 마리와 수양 두 마리를 드리되, 이것들을 그 소제와 그 전제제물과 함께 여호와께 드려서 번제로 삼을지니, 이는 화제라. 여호와께 향기로운 냄새며, 또 숫염소 하나로 속죄제를 드리며, 일 년 된 어린 수양 두 마리를 화목제물로 드릴 것이요, 제사장은 그 첫 이삭의 떡과 함께 그 두 마리 어린 양을 여호와 앞에 흔들어서 요제를 삼을 것이요, 이것들은 여호와께 드리는 성물이니 제사장에게 돌릴 것이며, 이 날에 너희는 너희 중에 성회를 공포하고 어떤 노동도 하지 말지니, 이는 너희가 그 거주하는 각처에서 대대로 지킬 영원한 규례니라.   레위기 23:15~21

위에서 이미 언급한 대로, 오순절은 이스라엘의 7대 절기에 들어가면서 동시에 3대 절기에 들어간다. 모든 이스라엘의 남자는 3대 절기—유월절 (혹은 무교절), 오순절 및 초막절—에 반드시 성전으로 나아와서 엄숙하게 절기를 지켜야 했다 (출 23:14~17, 32:22; 신 16:16; 대하 8:13). 이 3대 절기 가운데에서 중앙에 위치하는 것이 바로 오순절이다. 다시 말해서, 오순절은 앞에는 유월절, 그리고 뒤에는 초막절로 둘러싸여 있다.

그리고 오순절에는 안식일이나 기타 다른 절기에서처럼 성회이기 때문에 어떤 노동도 할 수 없다. 오순절은 3대 절기 중 하나이기에 모세오경 가운데 창세기를 제외하고는 모든 책에 들어 있다. 물론 창세기는 아직 모세의 율법을 다루지 않기에 절기는 전혀 언급되지 않는다. 참고로 오순절이 모세오경에 언급된 곳을 인용하면 다음과 같다: 출애굽기 23장 14~17절, 레위기 23장 15~21절, 민수기 28장 26~31절, 신명기 16장 9~12절 등이다.

오순절에 이스라엘 백성이 드리는 예물은 다음과 같다: 첫 번째로 에바 십분의 이(약 4리터)로 만든 유교병, 곧 누룩이 든 떡 두 개를 만들어서 하나님에게 흔들어 올린다. 이스라엘 백성의 매일 양식과 같이 밀로 만든 이 떡들은 그들에게 일용할 양식을 허락하신 하나님에게 감사의 표현으로 드렸다.[7] 그 감사가 당연한 것은 비록 인간이 밀을 심고, 재배하고 그리고 수확했지만, 궁극적으로 하나님이 허락하셨기 때문이다. 하나님이 땅에 비와 해를 주셨고, 또 하나님이 밀을 생성하셨다.[8]

---

7) Noordtzij, *Bible Student's Commentary: Leviticus*, 236.
8) Gaster, *A Modern Interpretation and Guide: Festivals of the Jewish Year*,

그런데 여기에 중요한 사실이 있는데, 그것은 두 떡에 누룩이 들었기에 번제단에 올릴 수 없었다 (레 2:11 참고). 그러면 이스라엘 백성이 이 거룩한 오순절에 하나님에게 드릴 수 있는 제물은 무엇인가? 그들은 다음의 제물을 번제단에 올렸다. 그들은 번제로 일 년 되고 흠 없는 어린 양 일곱 마리, 젊은 수소 한 마리, 그리고 수양 두 마리를 불에 태워 드렸다. 이들 번제 외에 그들은 속죄제로 숫염소 한 마리를 드렸고, 마지막으로 일 년짜리 어린 양 두 마리를 화목제로 드렸다.

여기에서 주목하지 않으면 안 될 것은 속죄제를 드린 후에야 화목제를 드렸다는 사실이다. 이것이 중요한 이유는 간단하다! 죄의 문제를 해결하지 않고 화목할 수 있다는 것은 불가능하기 때문이다. 이스라엘 백성은 오순절에 그들의 이중적인 죄의 문제—하나님에게 범한 죄와 사람에게 범한 죄—를 깨끗이 해결한 후에야 진정으로 화평을 누릴 수 있었다. 그 화평도 역시 이중적이었는데, 위로는 하나님과의 화평이고, 아래로는 사람들과의 화평이었다.[9]

오순절에서 반드시 짚고 넘어가야 할 중요한 가르침이 있다. 이스라엘 백성은 그들만이 하나님의 축복을 누려서는 안 된다는 사실이다. 그런 이유 때문에 신명기에서는 이런 명령을 첨가하였다, "너와 네 자녀와 노비와 네 성중에 있는 레위인과 및 너희 중에 있는 객과 고아와 과부가 함께 네 하나님 여호와께서 자기의 이름을 두시려고 택하신 곳에서 네 하나님 여호와 앞에서 즐거워할지

60.

9) Francis, *Celebrate the Feasts of the Lord*, 56.

니라"(신 16:11).

이 명령에서 눈여겨보아야 할 것은 사중적―밀의 추수, 초여름의 첫 추수, 토라의 수여, 다윗의 출생―으로 즐거워해야 하는 이 절기에는 남녀노소를 막론하고 모두가 동등하게 하나님의 축복을 누려야 한다는 사실이다. 노비이든 레위인이든, 객이든 고아와 과부든, 모두 **너와 네 자녀**와 동등한 신분이 된다는 것이다. 그것이 가능한 것은 하나님이 그들의 창조자이시며 또한 구속자이시기 때문이다. 그런 이유 때문에 이스라엘 백성은 필요한 사람들과 함께 나누고 즐겨야했다.

이처럼 함께 즐거워하면서 예물을 드리는 모습을 〈미쉬나〉는 잘 묘사하고 있다. 그 광경을 연상하면서 다음의 글을 읽어보자:[10]

어떻게 첫 열매를 가져왔는가? 집회 주관자 근처에 사는 사람들은 그의 마을로 함께 모이며, 모든 사람은 그 마을의 길에서 밤잠을 잤다. 그들은 집으로 들어가지 않았다 (예식적으로 부정한 것에 노출되지 않기 위하여). 아침에 그들을 깨우기 위하여 주관자는 소리쳤다, "일어나시오, 일어나서 시온으로, 우리 하나님 여호와의 집으로 갑시다!" (예루살렘으로 가는) 그 행렬에서 가장 가까이에 있는 사람들은 신선한 야자와 포도를 가지고 갔다....뒤에 있는 사람들은 마른 과일과 건포도를 가지고 갔다. (첫 열매와 함께 바칠 제물이 될) 수소 한 마리를 앞세웠는데, 그 뿔에는 황금색을 입혔고, 머리에는 감람나무 가지로 만든 관을 씌웠다....

그 행렬 앞에서는 피리를 불었는데, 그 소리는 아주 멀리서도 들릴 정도였다. 마침내 그들은 성전이 있는 산에 도착하였다. 성전에

---

10) Ibid., 57에서 재인용.

도착하자, (그 행렬은) 안으로 들어갔다. 바깥뜰에 들어서자 레위인들은 이렇게 찬송하였다: "여호와여, 내가 주를 높일 것은 주께서 나를 끌어 내사, 내 대적으로 나를 인하여 기뻐하지 못하게 하심이니이다" (시 30:1).

역사의 전환

이처럼 놀랍도록 즐거운 오순절은 끊임없이 계속 되었는가? 물론 아니다! 이미 언급한 대로, 이스라엘 백성의 역사와 삶의 방식을 송두리째 바꾼 사건이 일어났다. 그것은 바로 주후 70년에 일어난 엄청난 비극의 사건이었다. 그 당시 잔혹한 로마의 통치를 환영하는 유대인은 거의 없었다. 그러다가 마침내 주후 66년 유대인은 거대한 무리를 지어 예루살렘을 탈취하고 로마인들을 몰아내었다.

로마는 전 세계를 향하여 반란의 혹독한 결과를 알려 줄 필요가 있었다. 로마는 타이터스(Titus) 장군이 이끄는 막강한 군대를 보냈고, 마침내 주후 70년에 예루살렘은 일망타진(一網打盡)되고 말았다. 그때에 기근이 너무 심하여 심지어 여자들이 자기의 아들들을 먹는 비극까지 일어났다.[11] 로마군은 97,000명을 포로로 잡아갔으며, 1,100,000명을 무자비하게 죽였다.[12] 그때가 마침 무교절이었

---

11) Flavius Josephus, *The Works of Flavius Josephus: Antiquities of the Jews: A History of the Jewish Wars*, William Whiston 역 (Philadelphia, PA: David McKay Publisher, n.d.), 842~43.

기에 많은 사람이 모였고 희생도 그만큼 컸다.[13]

그러나 이스라엘 백성은 그것으로 물러가지 않았다. 그들은 힘을 정비한 후 마침내 또 한 번의 거대한 반란을 일으켰다. 그때는 로마의 황제 하드리안(Hadrian)이 통치하던 주후 132년이었다. 이스라엘 백성은 다시 예루살렘을 점령하고 로마군을 몰아내는 데 성공하였다. 그들의 사기는 하늘을 찌를 듯 충천했다. 이스라엘 백성은 마침내 구약성경에서 예언된 메시야의 지도 밑에서 이스라엘의 황금기가 도래했다고 믿었다.[14]

그러나 이스라엘의 황금기가 아니라는 사실은 머지않아 판명되었다. 로마는 정예군 보병 35,000명을 파견하였다. 비록 전쟁이 3년이나 길어지긴 했어도 결과는 예측대로 되었다. 로마 정예군은 주후 135년에 예루살렘을 다시 점령하였다. 그뿐 아니었다! 로마군은 전국을 유린(蹂躪)하였고, 그 결과 985개의 마을이 황폐해졌고, 50여 성이 무너졌다. 580,000여명의 유대인이 살해되었는데, 그 이외에도 기근과 질병으로 죽은 사람은 부지기수였다. 노예로 팔려간 사람도 그 수를 헤아릴 수 없었다.[15]

그때부터 유대인들은 예루살렘으로 들어가는 것이 허용되지 않았는데, 누구든지 들어가면 즉결 처분, 곧 그 자리에서 죽임을 당했다.[16] 로마군은 예루살렘을 하드리안의 이름으로 재건했는

---

12) Ibid., 855.
13) 홍성철, 『현대인을 위한 복음전도의 성경적 모델』, 190~91.
14) Howard & Rosenthal, *The Feasts of the Lord*, 93.
15) Ibid., 94.
16) 그 후 4세기에 콘스탄틴 1세는 이스라엘 백성이 일 년에 하루, 곧 아빕

데, 그 의미는 그 도시를 로마 황제 숭배의 도시로 바꾸었다는 뜻
이다. 그뿐 아니라 성전이 자리하던 장소, 곧 시온 산에 주피터
(Jupiter)에게 봉헌된 신전(神殿)을 지었다. 예루살렘 전체는 로마군
의 승전을 자축하는 놀이터로 전락했다.17)

이스라엘 백성의 소망, 곧 로마로부터의 독립 및 성전 재건이라
는 소망은 물거품이 되고 말았다. 국토는 전국적으로 황폐해졌는
데, 너무나 황폐해져서 농사를 지을 수 없었다. 설사 농사를 지어
그 수확물을 하나님에게 가져온다손 치더라도 그들에게는 바칠
수 있는 성전도 번제단도 없었다. 다시 말해서, 성전 없이는 모세
의 율법을 준행하여 절기를 지킬 수 있는 방법이 없었다.

그러나 이스라엘 백성은 모세의 법을 반드시 지켜야 했기에,
대안을 찾기 시작했다. 주후 140년에 하이파(Haifa) 근처에 있는 우
샤(Usha)라는 마을에서 산헤드린이 회집(會集)되었다. 그들은 농산
물을 바치면서 **샤부오트**, 곧 오순절을 지키는 대신 다른 방법으로
절기를 지키기로 했는데, 곧 토라를 받은 날로 기념하기로 결정하
였다. 왜냐하면 오순절에 시내 산에서 토라를 받았기 때문이었다
(출 19:1). 이 결정은 환영되었고, 이스라엘 백성 사이에 신속히 퍼
져나갔다.18)

월 9일에 예루살렘으로 들어가서 서쪽 벽을 향하여 통곡하며 기도하
는 것을 허락하였다. 이를 위하여 다음을 보라, "The Western Wall," in
Wikipedia.

17) Howard & Rosenthal, *The Feasts of the Lord*, 93.

18) 이스라엘 백성은 유월절과 홍해를 건넌 후 50일 되던 3월 6일에 **토라**를
받았다고 믿었다. 이런 설명을 위하여 다음을 보라, Hartley, *Leviticus*,
386.

회당의 축제

이스라엘 백성은 이렇게 해서 성전에서 오순절을 지키는 대신 회당에서 지키게 되었다. 그들은 회당에서 오순절에 대한 기사를 읽었지만,[19] 그래도 율법의 수여(受與)가 주제가 되었다. 그런 까닭에 그들은 우선 십계명의 선포를 다루는 출애굽기 19~20장에서 교훈을 받았다. 그들은 출애굽기 19장을 시적으로 묘사한 시를 낭독하였는데, 그 중 일부를 인용하면 다음과 같다:[20]

> 하나님의 목소리가 크게 울렸고, 번뜩이는 창들이
> 모든 하늘을 찔렀고; 천둥이 천지를 흔들었고,
> 그리고 불길이 솟았네; 그리고 모든 천사들이
> 나팔을 불자, 땅은 갈라졌고,
> 모든 사람들은 몸부림치며 기절초풍했네,
> 마치 해산하는 여인처럼 되었네.
> ....
> 작은 시내 산으로 하늘은 굽어서 내려왔네,
> 그리고 그 산을 안개와 구름으로 뒤덮고,
> 천사들의 불길이 그 산을 휘감았네. 그리고
> 천둥소리 가운데, 천사들이 내려다보는 산기슭은
> 하나님의 큰 소리를 발하였네; 그리고 백성은

---

19) 그때 읽은 오순절 기사는 민수기 28:26~31과 신명기 15:19~16:17이었다.
20) Gaster, *A Modern Interpretation and Guide: Festivals of the Jewish Year*, 64.

즐거워했네: 오 주님, 우리는 듣고 순종하겠나이다.

그리고 그들이 기다리는 동안 말씀이 왔는데,

바위를 가르는 말씀이라네: **나는 여호와이니라.**

이스라엘 백성은 회당에서 이런 것만을 읽는 것이 아니었다. 그들은 그 후 모세오경에 내포된 613가지의 명령을 음율(音律)에 맞춰서 낭독하였다. 그리고 나서 그들은 에스겔 첫 장을 읽었는데, 그 배경은 바벨론에 포로로 잡혀갔을 때였다. 애굽에서 그들을 구원하셨고 또 십계명을 주신 동일한 하나님이 포로된 그들에게도 같은 은혜를 허락하시기 위하여 시내 산에서처럼 불꽃과 영광 가운데 나타나신 모습이 소개되었다.

에스겔 첫 장에 가장 핵심이 되는 구절만 읽어보면 다음과 같다: "내가 보니, 북쪽에서부터 폭풍과 큰 구름이 오는데, 그 속에서 불이 번쩍번쩍하여 빛이 그 사방에 비치며, 그 불 가운데 단 쇠 같은 것이 나타나 보이고....때에 주의 영이 나를 들어 올리시는데, 내가 내 뒤에서 크게 울리는 소리를 들으니, '찬송할지어다, 여호와의 영광이 그의 처소로부터 나오는도다!'" (겔 1:4, 3:12).

그 다음, 하박국에서 읽는데, 그 이유는 하박국 선지자가 앗수르의 포로가 되어 고통을 당하면서도 애굽에서 그 조상을 구원해 내신 동일한 하나님이 그와 백성을 구출해 주실 것을 확신하는 표현이기 때문이었다: "주께서 주의 백성을 구원하시려고....주께서 말을 타시고 바다 곧 큰 물의 파도를 밟으셨나이다. 내가 들었으므로 내 창자가 흔들렸고, 그 목소리로 말미암아 내 입술이 떨렸

도다. 무리가 우리를 치러 올라오는 환난 날을 내가 기다리므로 썩이는 것이 내 뼈에 들어왔으며, 내 몸은 내 처소에서 떨리는도다....나는 여호와로 말미암아 즐거워하며, 나의 구원의 하나님으로 말미암아 기뻐하리로다"(합 3:13, 15~16, 18).

이스라엘 백성은 그 후 오순절의 찬가인 시편 68편을 읽었다. 그 내용도 역시 같은 맥락에서 전개되었다. 그들의 조상이 출애굽 이후 하나님이 그의 권능으로 그 조상을 풍성하게 채워 주신 것처럼, 그들을 지금도 그렇게 채워 주실 것을 노래한 찬양이었다: "하나님이여, 주의 백성 앞에서 앞서 나가사 광야에서 행진하셨을 때에 땅이 진동하며...저 시내 산도 하나님 곧 이스라엘의 하나님 앞에서 진동하였나이다. 하나님이여, 주께서 흡족한 비를 보내사...주의 회중을 그 가운데에 살게 하셨나이다"(시 68:7~10).

마지막으로 이스라엘 백성은 룻기를 읽었다. 룻기를 읽은 몇 가지 이유가 있었다. 첫째는 룻이 다윗의 할머니가 된 사실을 기록하고 있기 때문이다 (룻 4:21~22). 위에서 언급한 것처럼, 이스라엘 백성은 오순절에 다윗의 탄생과 죽음을 같이 기념하였다. 둘째는 굶주린 룻이 베들레헴으로 돌아왔을 때는 보리 추수기였다. 비록 오순절이 밀 추수와 연관되어 있지만, 룻이 하나님의 은혜로 배고픔을 해결했기 때문이다. 셋째는 율법을 받은 날을 기념하는 오순절에 그 율법을 선택한 룻의 신앙을 기리기 위해서였다.[21]

오순절은 특별한 절기이므로 이스라엘 백성이 먹는 음식도 특별했다. 그들은 주로 우유와 치즈로 만든 케이크를 먹었는데, 그

---

21) Ibid., 70.

이유는 그들의 조상이 시내 산에서 받은 율법이 우유와 꿀 같이 달기 때문이었다. 그리고 삼각형 만두를 먹으면서 이렇게 기도했다, "자비의 하나님이 삼중의 법(율법, 선지자 및 시서)을 세 계층(제사장, 레위인 및 이스라엘인)으로 이루어진 사람들에게, 그것도 셋째 자녀(모세는 미리암과 아론의 동생이었다)를 통해서 주신 분을 찬양하라!"[22]

그뿐 아니라 이스라엘 백성은 오순절에 안식일에 먹는 흰 빵을 두 개 구웠는데, 이 빵을 **할라**(halla) 빵이라 한다. 이 두 빵은 그들이 성전에서 하나님에게 흔들어 드렸던 떡 두 개를 대표했다 (레 23:17). 그리고 이 두 빵은 모세가 시내 산에서 하나님에게 직접 받은 두 돌판을 상징했다. 그 돌판에는 말할 필요도 없이 십계명이 기록되어 있었다. 결국, 오순절에 이스라엘 백성은 처음부터 끝까지 토라를 받은 것을 기념하였다.[23]

오순절의 완성

그날은 이스라엘의 3대 절기 중 하나인 오순절이었다. 그리고 적어도 이스라엘 남자는 예루살렘에 있는 성전으로 와서 절기를 지켜야 했다. 그런 이유 때문에 예루살렘에는 각처에서 온 유대인들로 가득했다. 그 사람들은 동서남북에서 구름처럼 몰려들었다 (행 2:9~11). 그들은 십중팔구 성전에서 오순절 예배를 드릴 때 에스

---

22) Howard & Rosenthal, *The Feasts of the Lord*, 96~97.
23) Ibid., 97.

겔 1장을 읽으면서 불꽃 중에 임재하시는 하나님에 관한 기사를 읽었을 것이다.

그런데 그 유대인들은 갑자기 이상한 무리를 만났다. 그 무리는 모세가 하나님을 직접 대면한 것처럼, 하나님을 특별히 만난 사람들인 것 같았다. 그들은 각기 다른 방언을 하면서 그 유대인들이 알아들을 수 있는 언어를 구사하였다. 그 유대인들 중에는 그들이 대낮부터 술에 취한 것으로 착각하면서 (행 2:13), 그들을 조롱하기 시작하였다. 이에 대한 반응으로 베드로를 비롯한 열두 제자들은 그들에게 임재한 성령에 대하여 전하기 시작했다.

그날 하루에 3,000명이 회개하고 예수 그리스도를 그들의 메시야로 받아들이는 대역사가 있었다 (행 2:41). 이 3,000명은 이스라엘 백성이 보리의 첫 열매를 하나님에게 드린 것처럼, 성령의 첫 열매였다. 뿐만 아니라 이 3,000명은 앞으로 있을 엄청난 수확의 첫 열매에 지나지 않았다. 그 후 며칠이 지나지 않아서 5,000명이 예수 그리스도를 구세주로 받아들이는 역사도 있었다 (행 4:4). 그뿐 아니라, 그 후 성령의 열매는 끝없이 확대되었다.

예수 그리스도가 유월절의 어린 양으로 십자가에서 죽으셨고, 그리고 무교절의 떡이 되어 무덤에 갇혔으나, 하나님은 그분을 부활의 첫 열매로 일으키셨다. 그리고 그 후 50일째 되는 오순절에 예수 그리스도는 하나님에게 성령을 받아서 제자들에게 부어 주셨던 것이다 (행 2:33). 제자들은 주님의 약속대로 "아버지께서 약속하신 것," 곧 성령의 권능을 받았던 것이다 (눅 24:49; 행 1:8). 그 성령은 제자들을 통하여 여러 가지 역사를 이루셨는데, 그 중 몇 가지를 열거해 보자.

성령은 죄인들에게 그들의 죄를 책망할 뿐 아니라, 그들로 회개하고 믿어서 거듭나게 하시는 분이다 (요 16:8~11; 행 2:37~38). 성령의 역사는 그것만이 아니다! 성령은 그렇게 거듭난 사람들의 마음속에 들어오셔서 인(印)을 치신다 (엡 1:13). 인을 치시는 이유는 소유권이 마귀에게서 하나님에게 넘어갔다는 사실에 대한 확증이다. 그리고 그 성령은 거듭난 사람들에게 진리의 말씀을 가르쳐 주신다 (요 16:13).

성령은 한 발 더 나아가서 거듭난 그리스도인들에게 죄성(罪性)과 타락의 문제를 해결해 주기 위하여 그들을 성령으로 충만케 하시는 분이다 (행 4:31; 엡 5:18).[24] 그 후 성령은 그렇게 성령으로 충만케 된 그리스도인들을 한 걸음씩 인도하면서 의의 길, 자유의 길, 영광의 길로 가게 하신다 (고후 3:16~17). 바울의 간증과 같다, "무릇 하나님의 영으로 인도함을 받는 사람은 곧 하나님의 아들이라" (롬 8:14).

성령이 거듭난 그리스도인들을 위하여 이루시는 마지막 영광스러운 일은 부활의 역사이다. 주님이 다시 이 세상으로 오실 때, 성령은 모든 거듭난 그리스도인들을 그리스도처럼 변화시키신다 (요일 3:2). 바울의 말을 거듭 인용해 보자, "예수를 죽은 자 가운데서 살리신 이의 영이 너희 안에 거하시면 그리스도 예수를 죽은

---

24) John Wesley는 이것을 온전한 성결(entire sanctification)의 경험이라고 했다. 이를 위하여 다음을 보라, 홍성철, 『불타는 전도자 존 웨슬리』 제7쇄 (서울: 도서출판 세복, 2009), 195 이하.

자 가운데서 살리신 이가 너희 안에 거하시는 그의 영으로 말미암아 너희 죽을 몸도 살리시리라" (롬 8:11).[25]

이런 역사를 요약하면 성령은 살리는 영이시다. 오순절에 임재한 성령은 영적으로 죽은 자들을 살리신다. 그리고 율법으로 이룰 수 없는 언약을 그리스도인들의 삶 가운데서 이루시기 위하여 그들의 마음과 삶 속에 들어가신다. 과거 이스라엘 백성에게 오순절에 주신 십계명은 사람을 살리는 능력이 없었다. 그런 이유 때문에 신약성경의 오순절과는 대조적으로 그 계명에 따라 3,000명이나 죽었다 (출 32:28). 바울의 말 그대로이다, "율법 조문은 죽이는 것이요, 영은 살리는 것이니라" (고후 3:6).

성령의 임재는 예레미야 선지자가 예언한 새 언약의 성취였다. 이스라엘 백성이 인간적인 노력으로 지킬 수 없는 십계명과 율법을 성령의 도움으로 지킬 수 있게 한 것이다. 그 언약을 직접 인용해 보자: "그러나 그날 후에 내가 이스라엘 집과 맺을 언약은 이러하니, 곧 내가 나의 법을 그들의 속에 두며, 그들의 마음에 기록하여, 나는 그들의 하나님이 되고, 그들은 내 백성이 될 것이라. 여호와의 말씀이니라" (렘 31:33).

예레미야의 언약을 성령과 연관시켜서 더 구체적으로 예언한 선지자가 있는데, 그는 에스겔이다. 그의 예언을 들어보자: "또 새 영을 너희 속에 두고, 새 마음을 너희에게 주되, 너희 육신에서

---

25) 오순절에 임하신 성령의 역사를 간략하지만 포괄적으로 다룬 내용을 보기 위하여 다음을 참고하라, Roy W. Gustagson, *Feasting on the Feasts* (Findlay, OH: Dunham Publishing Co., 1958), 58 이하.

굳은 마음을 제거하고, 부드러운 마음을 줄 것이며, 또 내 영을 너희 속에 두어, 너희로 내 율례를 행하게 하리니, 너희가 내 규례를 지켜 행할지라...내 백성이 되고, 나는 너희 하나님이 되리라"(겔 36:26~28).

성령이 오순절에 임재하신 사건은 기독교에서 예수 그리스도의 죽음과 부활 다음으로 가장 중요한 역사였다. 그런 이유 때문에 성령의 임재를 묘사할 때 세 가지 현상이 일어났는데, 그 현상은 출애굽기 19장에서 하나님의 임재하실 때의 현상과 같은 것이었다. 그 현상이 묘사된 곳을 인용해 보자: "뭇 백성이 우레와 번개와 나팔 소리와 산의 연기를 본지라. 그들이 볼 때에 떨며 멀리서서 모세에게 이르되, '당신이 우리에게 말씀하소서; 우리가 들으리이다. 하나님이 우리에게 말씀하시지 말게 하소서. 우리가 죽을까 하나이다.' 모세가 백성에게 이르되, '두려워하지 말라; 하나님이 임하심은...너희로 경외하여 범죄하지 않게 하려 하심이니라"(출 20:18~20).

이처럼 하나님이 우레(바람)와 불과 소리로 임재하셨듯이 성령도 그렇게 임재하셨다: "홀연히 하늘로부터 급하고 강한 바람 같은 소리가 있어, 그들이 앉은 온 집에 가득하며, 마치 불의 혀처럼 갈라지는 것들이 그들에게 보여 각 사람 위에 하나씩 임하여 있더니, 그들이 다 성령의 충만함을 받고, 성령이 말하게 하심을 따라 다른 언어들로 말하기를 시작하니라"(행 2:2~4). 정결하게 하는 불, 뜨겁게 하는 성령, 보이지는 않으나 감지(感知)될 수 있는 바람 같은 능력--이런 것이 성령의 강림과 더불어 일어난 현상이었다.26)

그런데 이 말씀에서 주목해야 할 사실은 성령의 충만함을 받은 모든 사람들이 다른 나라 언어들을 말하기 시작했다는 사실이다. 왜 그들은 다른 방언으로 말했는가? 그 목적은 능력 있는 전도를 위함이었다. 그렇다! 성령의 강림은 다른 사람들을 위하여 섬기라고 하나님이 은혜로 주신 선물이었다. 그런 이유 때문에 성령의 임재와 권능을 경험하고, 예루살렘에서부터 시작하여 땅 끝에 이르기까지 전도하라는 명령을 주신 것이다 (행 1:8).

땅 끝은 두말할 필요도 없이 이방인들을 가리킨다. 그런데 레위기 23장에서 묘사된 오순절에는 이미 이방인을 암시하는 놀라운 제물이 있었다. 그것은 하나님에게 흔들어 드리기 위하여 누룩을 넣어서 만든 떡 두 개였다. 떡 하나는 유대인을 암시하고, 다른 떡은 이방인을 암시한다.[27] 그리고 누룩은 완전하지 못한 인간을 가리킬 수 있다. 비록 인간—유대인이든 이방인이든—은 불완전한 죄인이나 예수 그리스도의 대속적 역사로 거듭날 수 있는 것이다.

예수 그리스도는 제자들에게 성령의 충만을 경험할 때까지 예루살렘을 떠나지 말고 기다리라고 명령하셨다 (행 1:4). 그럼 왜 그들은 성령의 충만함을 경험해야 했는가? 그 목적을 예수 그리스도

---

26) Stott는 시내 산과 오순절에서 있었던 공통의 역사를 세 가지로 언급했는데, 곧 소리(sound), 광경(sight) 및 언어(speech)라고 요약했다. 이를 위하여 다음을 보라, John Stott, *The Spirit, the Church and the World: The Message of Acts* (Downers Grove, IL: InterVarsity Press, 1990), 62.

27) 이런 해석을 위하여 다음을 참고하라, Booker, *Celebrating Jesus in the Biblical Feasts*, 104.

는 두 가지로 분명히 말씀하셨다. 하나는 만민에게 복음을 전파하기 위해서였다 (막 16:15). 또 하나는 모든 족속을 제자로 삼기 위해서였다 (마 28:19~20).[28] 모든 거듭난 그리고 성령으로 충만한 그리스도인들이 이런 주님의 지상명령을 충실히 이행할 때 주님은 속히 재림하실 것이다 (마 24:14). 그리할 때 오순절의 목적은 완성되는 것이다.

---

28) 주님이 다섯 번씩이나 반복해서 제자들에게 언급하신 지상명령에 대하여 자세히 알아보기 위하여 다음을 보라, 홍성철, 『주님의 지상명령: 성경적 의미와 적용』.

나팔절

지금까지 네 절기에 대하여 살펴보았는데, 그 절기들은 크게 봄의 절기와 초여름의 절기로 나뉜다. 봄의 절기들인 유월절, 무교절 및 첫 이삭 절기는 모두 예수 그리스도의 구속적 사건과 연관된 절기였다. 그 후 제법 여러 날이 지나서 오순절이 도래했다. 그것은 마치 성부 하나님과 성자 하나님이신 예수 그리스도의 시대가 많이 지나서 성령의 시대로 돌입한 것과 비슷하다. 오순절에 성령 하나님이 지상에 강림하심으로 성령의 세대로 들어간 것이다.

성령의 강림은 곧 교회의 탄생으로 이어졌기에 교회의 시대라고도 일컫는다. 그뿐 아니라 교회의 시대는 이방인이 주된 역할을 함으로 이방인의 시대라고도 불린다. 그리고 이방인이 구원을 경험하고 교회의 중심이 된 것은 하나님의 은혜가 아니고는 결코 가능하지 않기에, 은혜의 시대라고도 한다 (엡 2:8). 이런 성령의 시대는 주님이 재림하셔서 교회를 지상에서 하늘나라로 옮기실 때까지 계속 될 것이다. 달리 말하면, 성령의 시대는 주님의 재림과 연관되어 있기에 말세라고도 한다 (행 2:17).

이렇게 해서 초여름의 절기인 오순절이 지나면 제법 긴 세월이 지나야 다음 절기가 시작된다. 그렇게 시작되는 절기들을 가을의 절기라고 부른다. 마치 봄의 세 절기가 집중적으로 1월 달에 몰려 있는 것처럼, 가을의 세 절기도 7월에 집중적으로 몰려 있다. 그리고 봄의 세 절기가 그리스도의 죽음과 부활을 집약적으로 조명하는 것처럼, 가을의 세 절기는 그리스도의 재림을 조명한다. 그러므로 가을의 세 절기는 기독교의 종말론과도 깊은 연관이 있다.

위의 사실들을 다시 요약해 보면, 봄의 세 절기는 기독교에서 과거에 일어난 십자가의 사건을 중심으로 이루어졌으나, 가을의 세 절기는 기독교에서 앞으로 일어날 예수 그리스도의 재림의 사건을 중심으로 이루어지는 미래의 역사라고 할 수 있다. 그리고 그 가운데 있는 오순절은 과거와 현재를 연결하는 연결 고리의 역할을 감당하는데, 그것이 바로 성령의 역사, 곧 교회의 역할이기도 하다.

성경은 가르친다

그러면 가을의 절기 가운데 첫 절기인 나팔절을 살펴보기 위하여 성경을 직접 찾아보자:

여호와께서 모세에게 말씀하여 이르시되, "이스라엘 자손에게 말하여 이르라. 일곱째 달 곧 그 달 **첫 날**은 너희에게 쉬는 날이 될지니, 이는 **나팔을 불어** 기념할 날이요 성회라. 어떤 노동도 하지 말고 이 말씀에 의하면, "나팔을 불어 기념하라"고 하지만, 특별한 이름은 명시되어 있지 않다. "나팔을 불어 기념할 날"이라는 표현 때문에 나팔절이라는 이름을 붙이지만, 실제로는 나팔절보다는 "새해의 머리"라고 불린다.[1] 그 이유는 간단하다! 이스라엘의 신력으로 7월은 민력으로 새해의 첫 달이기 때문이다. 다시 말해서, 이스라엘 백성은 나팔절을 이중으로 기념하는데, 하나는 신력에 의하여 나팔절로 기념하고, 또 하나는 민력에 의하여 새해의 첫 날로 기념한다.

나팔절은 안식일이자 동시에 성회로 모이는 날이기에 아무 노동을 해서는 안 된다. 실제로 유대인에게 7월인 **티쉬리**는 일 년 중 가장 거룩한 달로, 거의 한 달 내내 쉬면서 하나님 앞에 깊이 나아오는 달이다. 그들은 첫 날에 나팔절로 기념하고, 이어서 그날부터 10일까지는 "경외의 날들"(Days of Awe)로 지킨다. 그리고 10일에는 속죄일이며, 15일부터 21일까지는 초막절로 지킨다. 그리고 22일에는 모든 절기를 마무리하는 절기 끝 날이다.

특히 7월이 그처럼 귀중한 달인 것은 결코 우연이 아니다. 본래 7은 거룩한 완전을 상징한다. 그런 까닭에 이스라엘 백성은 한 주간 중 7일째 되는 날에 안식일로 지키고, 7년마다 안식년으로 지킨다. 그리고 그 7년이 7번 겹쳐지면 희년이 되고, 첫 이삭 절기 이후

---

1) 나팔절의 히브리어 이름은 새해의 첫 날이라는 의미를 지닌 **로쉬 하샤나** 하(ראש השנה)이다.

에도 7주간 후에 오순절이 온다. 무교절에도 7일간 절기를 지키고, 마지막 절기인 초막절에도 7일간 절기를 지킨다. 이처럼 거룩한 7월이 시작되자마자 바로 나팔절이다.

나팔을 불어서 절기를 알리는 것도 역시 하나님이 모세를 통하여 이스라엘 백성에게 주신 명령이다. 이스라엘 백성이 시내 산에 머문 지 근 11개월이 지났을 때, 하나님은 나팔을 만들어서 적절한 때에 불라고 명령하셨다. 그들은 그 나팔 소리에 의거해서 행군도 하고, 소집도 하고, 전쟁도 하고, 절기도 알리고, 심지어는 제물도 그 소리에 의거해서 드렸다. 이런 내용을 상세히 알려 주신 하나님의 말씀을 직접 인용해 보자:

여호와께서 모세에게 말씀하여 이르시되, "은 나팔 둘을 만들되, 두들겨 만들어서 그것으로 회중을 소집하며 진영을 출발하게 할 것이라. 나팔 두 개를 불 때에는 온 회중이 회막 문 앞에 모여서 네게로 나아올 것이요, 하나만 불 때에는 이스라엘의 천부장 된 지휘관들이 모여서 네게로 나아올 것이며, 너희가 그것을 크게 불 때에는 동쪽 진영들이 행진할 것이며, 두 번째로 크게 불 때에는 남쪽 진영들이 행진할 것이라. 떠나려 할 때에는 나팔 소리를 크게 불 것이며, 또 회중을 모을 때에도 나팔을 불 것이나 소리를 크게 내지 말며, 그 나팔은 아론의 자손인 제사장들이 불지니, 이는 너희 대대에 영원한 율례나라. 또 너희 땅에서 너희가 자기를 압박하는 대적을 치러 나갈 때에는 나팔을 크게 불지니, 그리하면 너희 하나님 여호와가 너희를 기억하고, 너희를 너희의 대적에게서 구원하시리라. 또 너희의 희락의 날과 너희가 정한 절기와 초하루에는 번제물을 드리고, 화목제물을 드리며, 나팔을 불라. 그로 말미암아 너희의 하나님이 너희를 기억하시리라. 나는 너희의 하나님 여호와니라."

민수기 10:1~10

위의 말씀에 의하면, 이스라엘 백성은 여러 경우에 나팔을 불었는데, 특히 정한 절기에도 나팔을 불었고, 또 월삭에도 나팔을 불었다. 그러니까 이스라엘 백성은 일 년에 일곱 번씩 찾아오는 7대 절기에도 나팔을 불었고, 또 한 달에 한 번 찾아오는 월삭(月朔)에도 나팔을 불었다. 결국 나팔절에는 이중적인 의미로 나팔을 불었다. 나팔절을 위하여 불었을 뿐 아니라, 그날은 7월 1일이기에 자동적으로 월삭이었으며, 따라서 그 월삭을 위해서도 불었다.

그런데 위의 말씀에 의하면, 하나님은 은 나팔을 만들어 불라고 하셨는데, 세월이 흐르면서 은 나팔은 양의 뿔 나팔로 대치되었다. 그렇게 대치된 이유는 희년 때문이었다. 희년은 일곱 번째 안식년 다음 해에 오는 중요한 해로, 그 해에는 노예가 해방되고, 팔렸던 농토가 본래의 주인에게로 귀속된다. 그 희년의 속죄일, 곧 7월 10일에는 양의 뿔 나팔을 불어야 한다. "일곱째 달 열흘날은 속죄일이니, 너는 뿔 나팔 소리를 내되 전국에서 뿔 나팔을 크게 불지며, 너희는 오십 년째 해를 거룩하게 하여…자유를 공포하라" (레 25:9~10).[2]

이스라엘 백성이 양의 뿔을 나팔로 쓰게 된 것은 아브라함이

---

2) 이때에 사용된 나팔은 히브리어로 **쇼파르(שופר)**로 양의 뿔 나팔을 가리킨다.

아들 이삭을 번제물로 드릴 때, 한 양의 뿔이 숲에 걸림으로 이삭 대신 그 양이 번제물로 드려진 것이 계기가 된 것 같다. 이스라엘 백성에게 양의 뿔(쇼파르)은 "구속과 갱신과 기쁨"(redemption, renewal & rejoicing)의 상징이 되었다.3) 그런 까닭에 속죄의 날, 그것도 희년 의 속죄일에는 양의 뿔로 만든 나팔을 불어야 했으며, 그것이 전통 이 되어 그 후로 중요한 계기에는 뿔 나팔이 사용되었다.

예를 들면, 이스라엘 백성이 토라를 받을 때도 뿔 나팔, 곧 **쇼파르**가 사용되었다 (출 19:19). 여호수아가 여리고 성을 무너뜨릴 때도 은 나팔이 아니라, 뿔 나팔인 **쇼파르**가 사용되었다 (수 6:20). 후에 이스라엘 백성이 나라를 잃었다가 회복될 때도 역시 **쇼파르**가 사 용되었다 (사 27:13). 그리고 마지막 때에 하나님의 임재와 더불어 이스라엘 백성이 회복될 때에도 역시 **쇼파르**가 불릴 것이다 (슥 9:14).

나팔절에 이스라엘 백성이 하나님에게 드릴 제물은 월삭의 번 제 외에 다음과 같은 것을 드렸다: 수송아지 한 마리, 수양 하나와 일 년 되고 흠 없는 수양 일곱을 소제와 더불어 번제로 드렸다. 그리고 이런 제물은 물론 향기로운 제물이 되었다. 그뿐 아니라, 그들은 숫염소 한 마리를 속죄제로 드렸는데, 그 제물은 두말할 필요도 없이 향기로운 제물이 되지 못했다 (민 29:1~5).

---

3) Francis, *Celebrate the Feasts of the Lord*, 68.

전통은 흐른다

새로운 달의 시작은 이스라엘 백성에게는 중요했다. 그들은 새 달을 맞이하기 위하여 위원회도 구성하고, 그리고 새 달을 관찰할 수 있는 특별한 관찰소도 만들었다. 그들은 달이 조금 보이자마다 예루살렘으로 달려가서 산헤드린 앞에서 증언하였다. "우리가 새 달을 보았다는 사실을 증거합니다"라고 그들은 맹세한다. 그들은 달이 나타난 정확한 때도 보고하였다.

그 순간부터 사람들은 흥분의 도가니에 빠져 들었다. 일단 산헤드린에서 새로운 달이 시작되었음을 선언하는 순간부터 책임자들은 그 지역의 가장 높은 언덕으로 달려가서 불을 붙였다. 그리고 그 이웃 마을 주민들도 그 불을 보자마다 그들도 가장 높은 언덕으로 올라가서 불을 밝혔다. 그런 식으로 불이 연이어서 전국적으로 밝혀지면서, 마침내 가장 멀리 있는 곳까지 빛이 비추게 되었다.[4]

나팔절 전날 밤 12시가 되자 온 세상에 있는 유대인들은 회당으로 기도하러 갔다. 그들이 드리는 기도는 심각했는데, 그 이유는 회개와 용서를 위한 기도를 올렸기 때문이다. 그들이 그런 기도를 올린 이유가 있었는데, 그것은 천국에 있는 생명책 때문이었다. 그 책에는 모든 사람의 행위가 선악 간에 기록되어 있기 때문에, 회개를 통하여 용서를 받지 않으면 안 되었다. 그들은 이런 회개와 용서의 기도를 10일 동안 계속했다.[5]

---

4) Epstein, *All about Jewish Holidays and Customs*, 8.
5) 이 기도는 **셀리호트**(Selihot), 곧 **용서**라고 불린다. 이를 위하여 다음을

이렇게 기도한 후 유대인들은 시편 37편을 읽었는데, 언젠가 하나님이 만민을 다스리실 것을 선포하는 내용이다. 그런 선포를 구체적으로 표현하기 위하여 뿔 나팔, 곧 **쇼파르**를 불었다. 그 나팔 소리의 의미는 다음과 같은 것이었다:

깨어라, 너희 잠자는 자들아, 그리고 너희의 행위를 생각해 보라; 너희의 창조자를 기억하고 회개하라. 그림자들을 좇는 자들과 헛된 것을 찾아서 세월을 낭비하는 자들과 같이 되지 말라. 너희의 영혼을 깊이 성찰하라; 너희의 악한 길과 생각을 버리고 하나님에게로 돌아오라, 그리하면 그분이 너희에게 긍휼을 베푸시리라.[6]

물론 뿔 나팔을 아무렇게나 불어대는 것이 아니었다. 나팔을 부는 대도 질서와 의미가 있었다. 그 나팔절에 나팔을 세 가지 방식으로 불었는데, 첫째는 한 번 길게 부는 것으로, 처음에는 낮게 불다가 갈수록 소리가 높아져서 거의 한 옥타브까지 올라갔다. 둘째는 짧게 세 번 불었다. 그리고 마지막으로 높은 음으로 짧고 날카롭게 아홉 번을 불었다. 남녀노소가 그 나팔 소리를 경청했는데, 모든 사람이 하나가 된 것을 상징했다.[7]

그 후 그들은 또 다른 기도문을 낭독하였는데, 속죄일에도 역시

보라, Ibid., 21~22.

6) Ibid., 23.

7) Ibid. 긴 나팔 소리는 하나님의 주권을 함축하고, 세 번의 짧은 소리는 기념을 함축하고, 아홉 번의 아주 짧은 소리는 양의 뿔을 함축했다. 이를 위하여 다음을 보라, Mitch & Zhava Glaser, *The Fall Feasts of Israel* (Chicago: Moody Press, 1987), 37~38.

같은 내용을 낭독했다. 이 기도문은 나팔절에 느껴지는 거룩과 두려움의 사고로 가득한 기도문이었다.[8) 그 기도를 마친 후 이스라엘 백성은 집으로 돌아와서 식사를 했다. 포도주와 함께 사다리 모양으로 구운 빵을 나누었다. 그 빵을 사다리 모양으로 구운 것은 그들의 기도가 하늘에 계신 전능자에게 도달하기를 바라는 마음의 표현이었다. 그리고 식구들이 서로에게 새해 인사를 나누었다: "오 주님, 우리에게 달콤하고 행복한 해를 허락하소서!"[9)

그날 오후에 이스라엘 백성은 정결(淨潔)과 죄를 털어버리는 예식을 거행하였다. 그들은 바다나 강이나 우물에 모여서 기도문을 낭독하였다. 그들은 정장을 한 채, 한 손에 기도문을 들고 물가에서 기도문을 낭독하였는데, 이것은 그들의 죄를 떨어버리는 의식이었다. 그 기도문은 다음의 성구들로 구성되었다: 미가 7:18~20; 시편 118:5~9, 33편, 130편; 이사야 11:9. 기도를 한 후 그들은 주머니에 남아 있는 빵조각이나 먼지를 털어버렸다.[10)

나팔절은 이처럼 새해를 맞이하면서 과거의 잘못을 회개하고 또 용서를 받는 중요한 의미가 있지만, 그렇다고 그것이 전부는 아니었다. 이스라엘 백성은 나팔절에 과거를 기억하면서 기념하는 절기로 삼았다. 그렇다면 무엇을 기념했단 말인가? 그들은 7월

---

8) 이 기도문을 보기 위하여 다음을 참고하라, Epstein, *All about Jewish Holidays and Customs*, 23~24.

9) Ibid., 24.

10) 이 기도문을 타쉬리크(Tashlikh) 기도문이라 하는데, 미가 7:19 말씀, "우리의 모든 죄를 깊은 바다에 던지시리이다"의 마지막 단어에서 그 이름을 따왔다. 이를 위하여 다음을 보라, Howard & Rosenthal, *The Feasts of the Lord*, 109~10.

1일을 하나님이 세상을 창조한 날로 기억하며 기념하였다. 하나님의 창조를 기억하면서 이스라엘 백성은 또 다른 새해를 하나님에게 다시 맡겼던 것이다.11)

그런 의미에서 나팔절은 창조주 하나님과 이스라엘 백성 사이에 있었던 언약 관계를 재확인하는 절기이기도 했다. 그런 언약 관계를 잘 드러내는 역사가 7월 1일에 반복적으로 일어났는데, 그 중 하나가 하나님과 아브라함의 관계에서였다. 하나님의 명령에 따라 아브라함은 하나밖에 없는 아들 이삭을 번제물로 바쳤다. 하나님은 아들을 바친 아브라함의 신앙을 받으시고, 그와 이미 맺은 언약을 재확인해 주셨다.

하나님은 이렇게 말씀하셨다, "내가 네게 큰 복을 주고, 네 씨가 크게 번성하여 하늘의 별과 같고 바닷가의 모래와 같게 하리니 …또 네 씨로 말미암아 천하 만민이 복을 받으리니, 이는 네가 나의 말을 준행하였음이니라" (창 22:17~18). 이 약속은 아브라함이 아들을 드렸기에 주신 것이 아니라, 하나님이 이미 그에게 주신 언약을 재확인하신 약속이었다 (창 12:3; 창 15:6 참조).

이처럼 귀중한 언약 관계가 새해 첫 날에 이루어진 것은 아브라함에게만은 아니었다. 7월 1일에 사무엘을 낳은 한나도 역시 마찬가지였다.12) 한나는 이렇게 기도하면서 하나님에게 약속했다, "만군의 여호와여, 만일 주의 여종의 고통을 돌보시고, 나를 기억하사 주의 여종을 잊지 아니하시고, 주의 여종에게 아들을 주시면, 내가

---

11) Gaster, *A Modern Interpretation and Guide: Festivals of the Jewish Year*, 108.

12) Ibid., 111~12.

그의 평생에 그를 여호와께 드리고, 삭도를 그의 머리에 대지 아니하겠나이다"(삼상 1:11).

하나님은 그 약속을 받으시고 한나에게 아들을 허락하셨다. 하나님을 대리해서 응답한 엘리 제사장의 말을 들어보자, "평안히 가라. 이스라엘의 하나님이 네가 기도하여 구한 것을 허락하시기를 원하노라"(삼상 1:17). 아브라함의 경우는 하나님이 먼저 말씀하셨고, 아브라함이 순종하면서 언약이 이루어졌다. 반면, 한나의 경우, 한나가 먼저 하나님에게 약속했고, 하나님은 그 서원을 받아들이심으로 언약이 이루어졌다.[13]

새해 첫날의 여러 가지 예식에서 빼놓을 수 없는 것이 있는데, 그것은 축복의 기도였다. 그날 하루 종일 자그마치 18번의 축복의 기도를 했는데, 그 내용은 이렇게 요약되었다: "생명을 위하여 우리를 기억하소서. 생명을 기뻐하시는 왕이시여; 생명의 하나님이신 당신을 위하여 우리를 생명책에 기록하소서."[14] 이 기도에는 기억도 있고, 하나님의 왕권도 들어 있고, 심판의 개념도 들어 있

---

13) 이 외에도 이스라엘 백성은 7월 1일에 일어난 것들을 기억하였다: (1) 하나님이 아담과 하와를 창조하셨다 (창 1:27); (2) 하나님이 아담과 하와를 에덴동산에서 쫓아내셨다 (창 3:23); (3) 가인과 아벨이 탄생하였다 (창 4:1~2); (4) 가인이 아벨을 죽였다 (창 4:8); (5) 가인과 아담이 회개했고, 하나님은 그들을 용서하셨다; (6) 노아의 홍수가 물러가기 시작했다 (창 8:1); (7) 사라와 라헬도 각각 아들을 낳았다 (창 21:2, 25:21); (8) 137세 된 아브라함은 37세 된 이삭을 모리아 산에서 제물로 바쳤다 (창 22:3); (9) 아브라함의 아내 사라가 죽었다 (창 23:1~2); (10) 이삭의 아내 리브가가 죽었다 (창 49:31); (11) 요셉이 바로의 감옥에서 풀려났다 (창 41:39~44). 이를 위하여 다음을 보라, Francis, *Celebrate the Feasts of the Lord*, 70.

14) Ibid., 115.

었다. 그러나 무엇보다도 새로운 시작의 기쁨이 배어 있었다.

성취를 기대하자

나팔절은 서두에서 언급한 것처럼 미래에 대한 예언을 함축하고 있다. 봄의 절기—유월절, 무교절 및 첫 이삭 절기—는 이미 예수 그리스도의 구속적 죽음과 부활을 통하여 성취된 예언을 함축했다고 언급한 바 있다. 그리고 오순절도 역시 과거에 성령의 강림으로 성취되었지만, 현재에도 그 성령의 임재와 능력으로 오순절의 예언을 성취하고 있는 중이다. 그러나 가을의 절기들, 곧 나팔절, 속죄일 및 초막절은 미래의 역사를 함축한다.

그런데 이들 가을의 절기 가운데 나팔절은 너무나 특이하다. 왜냐하면 그 절기는 과거의 성취와 미래의 성취를 동시에 함축하기 때문이다. 그럼 어떻게 나팔절이 이미 과거에 성취되었는지 살펴보자. 위에서 본 대로, 나팔절에 뿔 나팔을 불었는데, 그 근거는 아브라함이 아들 이삭을 드린 경건한 신앙과 연루되어 있다. 아브라함이 이삭을 모리아 산으로 데리고 가서 "그의 아들 이삭을 결박하여 제단 나무 위에 놓고, 손을 내밀어 칼을 잡고..." (창 22:9~10).

여기에서 주목할 단어는 **결박하다**이다. 본래 히브리어로 결박하다는 **아케다**(עקד)이다. 그런데 각자를 깊이 성찰해야만 하는 나팔절에 이스라엘 백성은 하나님에게 회개를 통하여 나아오면서 용서를 빌 때, 그들의 조상 아브라함의 공적을 의지하기도 했다.

물론 아브라함의 공적만을 의지한 것은 아니지만, 그래도 아브라함은 그들이 의지하는 대표적인 인물이었다. 그의 공적을 기억하여 그들에게 긍휼을 부어 달라는 요청이었다. 그들의 기도를 들어보자:15)

> 오, 우리의 하나님 여호와여, 당신이 모리아 산에서 우리의 조상 아브라함과 맺은 언약과 친절과 맹세를 우리를 위하여 기억하소서: 당신의 뜻을 온전한 마음으로 이루기 위하여 자신의 사랑을 억누르고 행한 그 결박을 생각하소서. 그러니 당신의 사랑이 우리를 향한 당신의 분노를 덮게 하소서; 당신의 위대한 선하심 때문에 당신의 진노가 당신의 백성, 당신의 도성, 당신의 기업으로부터 물러가게 하소서.

이삭의 결박, 곧 **아케다**는 유대인들의 사고 속에 깊이 잠재해 있었다. 그런데 이스라엘 백성이 나팔절에 깊이 의지한 이삭의 결박은 예수 그리스도에 대한 훌륭한 모형이었다. 적어도 이삭과 예수 그리스도는 다음과 같은 놀라운 공통점을 지녔다. 첫째, 이삭과 예수님의 탄생은 하나님의 기적이 아니면 불가능한 것이었다. 둘째, 이삭이 결코 그의 죄나 불의 때문에 모리아 산으로 가지 않은 것처럼, 예수님도 당신의 죄나 불의 때문에 갈보리 산으로 가지 않으셨다.

셋째, 이삭은 젊은 나이에 늙은 아버지의 명령에 절대로 순종하였는데, 그 순종은 생명까지도 포기한 것이었다. 예수 그리스도의 순종도 생명을 내놓는 순종이었다. "그가 아들이시면서도 받으신

---

15) Glaser, *The Fall Feasts of Israel*, 66에서 재인용.

고난으로 순종함을 배워서 온전하게 되셨은즉…" (히 5:8~9). 넷째, 이삭은 비유적으로 죽었다가 다시 살았다고 할 수 있다 (히 11:19). 예수 그리스도는 두말할 필요도 없이 십자가에서 죽으셨다가 부활하셨다. 이처럼 완전에 가까운 모형은 쉽지 않을 것이다![16]

그러면 나팔절은 기독교의 미래와 어떤 연관이 있는가? 나팔절은 창조는 물론 재창조와도 깊이 연루되어 있다. 그리고 나팔은 하나님의 강림과 깊이 연루되어 있다. 하나님이 출애굽을 경험한 이스라엘 백성에게 최초로 강림하실 때에 큰 나팔 소리와 함께 강림하셨다, "여호와께서 불 가운데서 거기 강림하심이라…나팔 소리가 점점 커질 때에…여호와께서 시내 산 곧 그 꼭대기에 강림하시고…" (출 19:18~20).

그런데 동일한 하나님이 하늘로부터 다시 세상에 오실 때도 역시 바람과 영광의 불과 나팔 소리와 함께 오실 것이다. 여호와 하나님의 재림을 예언한 스가랴 선지자는 이렇게 말했다, "여호와께서 그들 위에 나타나서 그들의 화살을 번개 같이 쏘아내실 것이며, 주 여호와께서 나팔을 불게 하시며, 남방 회오리바람을 타고 가실 것이라" (슥 9:14). 메시야의 재림을 이렇게 묘사한 것은 시내 산에 강림하신 여호와를 연상하고도 남는 그런 강림일 것이다.

이처럼 이스라엘 백성을 위하여 예언된 메시야의 재림은 교회에 대한 예언이 되기도 했다. 그 이유는 간단하다! 교회는 성령의

---

16) 이상의 네 가지 유사점 이외에도 많은 것이 있다. 그것들을 위하여 다음을 보라, Kevin Williams, *The Holidays of God: Fall Feasts* (Grand Rapids, MI: RBC Ministries, 2004), 11.

임재로 인하여 종말론적인 공동체가 되기 때문이다. 그 공동체를 이루는 각 그리스도인의 삶에는 성령이 내주(內住)하시기에 그렇다. 메시야이신 예수 그리스도가 이처럼 나팔 소리와 함께 재림하실 때 참 교회에 속한 모든 성도들에게 엄청난 변화가 올 것은 너무나 당연하다.

그런 변화를 바울 사도는 이렇게 선언했다, "보라, 내가 너희에게 비밀을 말하노니, 우리가 다 잠 잘 것이 아니요, 마지막 나팔에 순식간에 홀연히 다 변화되리니, 나팔 소리가 나매 죽은 자들이 썩지 아니할 것으로 다시 살아나고, 우리도 변화되리라"(고전 15:51~52). 이 말씀은 구약성경의 나팔절을 상기시키고도 남는다. 주님이 다시 오실 때 이미 예수 그리스도를 믿고 죽은 자들과 그때까지 살아 있는 그리스도인들도 눈 깜빡할 사이에 변화될 것이다.

어떤 모습으로 변화되는가? 그 다음 구절에 해답이 나온다, "이 썩을 것이 반드시 썩지 아니할 것을 입겠고, 이 죽을 것이 죽지 아니함을 입으리로다"(고전 15:53). 그때 모든 거듭난 그리스도인들은 영원한 몸으로 변화되어 주님과 영원히 함께 있을 것이다. 그런 변화를 사도 요한은 이렇게 표현하기도 했다, "....그가 나타나시면 우리가 그와 같을 줄을 아는 것은 그의 참모습 그대로 볼 것이기 때문이니"(요일 3:2).

주님은 거듭난 그리스도인들을 이처럼 변화시키신 후 그들을 성령과 함께 공중으로 끌어 올리실 것이다. 이것을 휴거(rapture)라고 한다. 바울 사도의 예언을 들어보자:

형제들아, 자는 자들에 관하여는 너희가 알지 못함을 우리가 원하지 아니하노니, 이는 소망 없는 다른 이와 같이 슬퍼하지 않게 하려 함이라. 우리가 예수께서 죽으셨다가 다시 살아나심을 믿을진대, 이와 같이 예수 안에서 자는 자들도 하나님이 그와 함께 데리고 오시리라. 우리가 주의 말씀으로 너희에게 이것을 말하노니, 주께서 강림하실 때까지 우리 살아남아 있는 자도 자는 자보다 결코 앞서지 못하리라. 주께서 호령과 천사장의 소리와 하나님의 나팔 소리로 친히 하늘로부터 강림하시리니, 그리스도 안에서 죽은 자들이 먼저 일어나고, 그 후에 우리 살아남은 자들도 그들과 함께 구름 속으로 끌어 올려 공중에서 주를 영접하게 하시리니, 그리하여 우리가 항상 주와 함께 있으리라. 데살로니가전서 4:13~17

이렇게 교인들이 휴거되면 지상에서는 더 이상 성령과 진정한 의미의 교회는 존재하지 않게 된다. 불법의 비밀을 막던 성령과 교회가 더 이상 존재하지 않게 된 세상은 문자 그대로 대혼란과 환난으로 접어들 수밖에 없다. 예수 그리스도는 세상에 있게 될 환난을 대 환난이라고 말씀하셨다 (마 24:21). 대 환난에 대하여는 다음 장에서 상세히 논하기로 하자. 한 마디로 인간적으로는 너무나 끔찍한 환난이 될 것이다.[17]

그러면 거듭난 그리스도인들은 어떻게 휴거되는가? 하나님의 말씀에 의하면, 그들은 다음과 같은 세 가지 시험을 거쳐서 아름다운 신부로 변화된다. 첫째, 그들은 불심판을 지나게 된다. 물론 여기에서 불심판은 영원을 좌우하는 심판이 아니다. 그 심판은 휴

---

17) 이 환난은 7년 대 환난이라고도 불린다.

거 이전에 예수 그리스도를 구세주로 받아들일 때 이미 해결되었기 때문이다. 그리스도인들이 거치지 않으면 안 되는 불심판은 그들의 공력에 관한 심판이다.

바울 사도의 가르침을 보자: "만일 누구든지 금이나 은이나 보석이나 나무나 풀이나 짚으로 이 터 위에 세우면, 각 사람의 공적이 나타날 터인데, 그날이 공적을 밝히리니, 이는 불로 나타내고, 그 불이 각 사람의 공적이 어떠한 것을 시험할 것임이라. 만일 누구든지 그 위에 세운 공적이 그대로 있으면 상을 받고, 누구든지 그 공적이 불타면 해를 받으리니, 그러나 자신은 구원을 받되 불 가운데서 받은 것 같으리라"(고전 3:12~15).

불심판을 견딜 수 있는 것은 이미 불을 통과한 금, 은, 보석인데, 이들의 특징은 부피는 작으나 가치는 크다는 것이다. 반면, 나무, 풀, 짚은 불을 통과한 적 없이 부피만 큰 별로 가치가 없는 것들이다. 이런 그리스도인들은 겨우 구원은 받지만 아무런 상도 받지 못할 것이다. 반면, 이 세상에서 어떤 환경과 상태에서도 정조와 정결을 지켜 거룩과 성결의 삶을 유지한 그리스도인들은 큰 상을 받게 될 것이다.

그리스도인들이 휴거 시 통과해야 할 둘째 시험은 각자 자신이 이 세상에서 행한 선악간의 모든 행위에 대하여 심판을 받는 것이다. 바울의 가르침을 보자: "이는 우리가 다 반드시 그리스도의 심판대 앞에 나타나게 되어 각각 선악 간에 그 몸으로 행한 것을 따라 받으려 함이라"(고후 5:10). 불꽃같은 눈으로 그리스도인의 모든 행위를 아시는 주님 앞에 다 드러나서 심판을 받게 될 것이다

(계 1:14). 그러나 이 심판도 역시 구원에 대한 심판이 아니라 구원 받은 후의 행위에 대한 심판이다.

그리스도인들이 세 번째로 통과해야 할 시험은 각자의 삶을 하나님에게 직고(直告)하는 것이다. 다시 바울의 가르침을 인용해 보자, "이러므로 우리 각 사람이 자기 일을 하나님께 직고하리라" (롬 14:12). 그리스도인들이 은밀하게 어떤 생각을 하든, 어떤 말과 행동을 하든 적어도 두 인격은 아는데, 곧 예수 그리스도와 자신이다. 그때에 아무리 아파도 각자가 자신의 말과 언행을 직접 하나님에게 아뢰는 아픔을 겪게 될 것이다.

이런 세 가지 시험을 거치면서 깨끗하고 거룩하게 된 그리스도인은 신랑을 맞이할 신부가 된다 (엡 5:26~27). 그들을 깨끗하게 만들기 위하여 십자가에서 피를 흘리고 죽으신 예수 그리스도는 마침내 준비된 신부를 맞이하게 된 것이다. 그처럼 오래 기다렸던 혼인식이 거행될 것이다. 신랑이신 예수 그리스도는 하얀 세마포로 깨끗하게 단장한 신부와 결혼 예식을 거행할 것이다 (계 19:6~8).

이런 사실을 도해하면 다음과 같다:

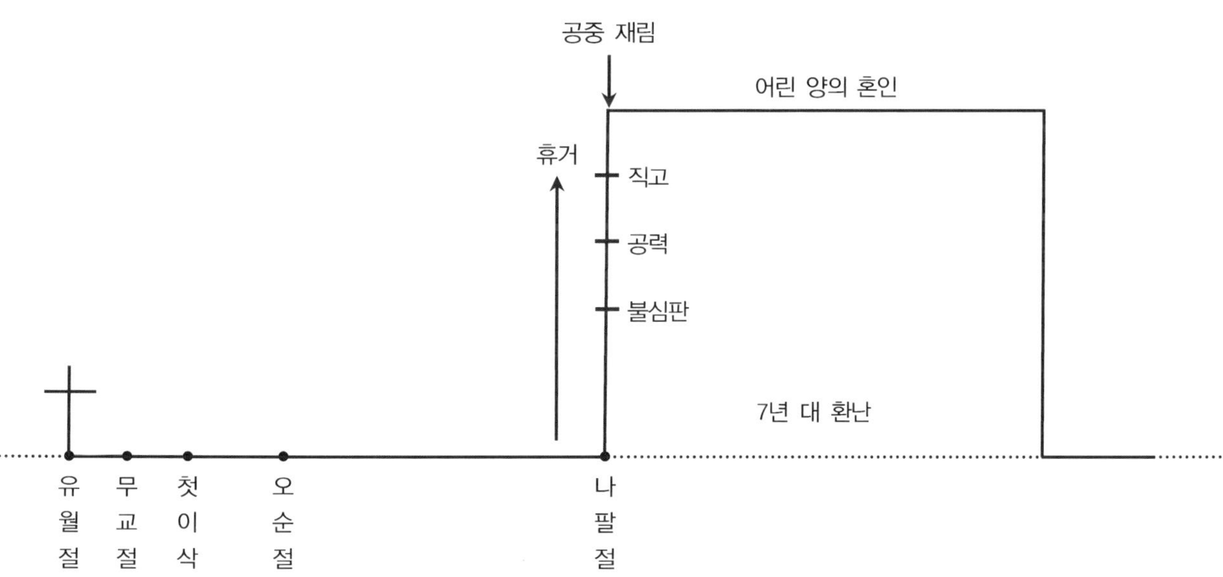
공중 재림
어린 양의 혼인
휴거
직고
공력
불심판
7년 대 환난
유월절
무교절
첫이삭
오순절
나팔절

속죄일

속죄일의 시발점은 물론 하나님의 말씀이다. 레위기 23장에서 묘사되는 말씀과 기타 전통에 의거하여 몇 가지 사실을 찾을 수 있다. 먼저 레위기 23장을 인용한 후 그 사실들을 열거해 보자:

여호와께서 모세에게 말씀하여 이르시되, "일곱째 달 열흘날은 **속죄일**이니, 너희는 성회를 열고, 스스로 괴롭게 하며, 여호와께 화제를 드리고, 이 날에는 어떤 일도 하지 말 것은 너희를 위하여 너희 하나님 여호와 앞에 속죄할 속죄일이 됨이니라. 이 날에 스스로 괴롭게 하지 아니하는 자는 그 백성 중에서 끊어질 것이라. 이 날에 누구든지 어떤 일이라도 하는 자는 내가 그의 백성 중에서 멸절시키리니, 너희는 아무 일도 하지 말라. 이는 너희가 거주하는 각처에서 대대로 지킬 영원한 규례니라. 이는 너희가 쉴 안식일이라. 너희는 스스로 괴롭게 하고, 이 달 아흐렛날 저녁 곧 그 저녁부터 이튿날 저녁까지 안식을 지킬지니라."
레위기 23:26~32

속죄일은 **티쉬리** 곧 7월 10일인데, 나팔절부터 시작한 회개를 끝내는 날이다. 속죄일은 문자 그대로 죄의 문제를 해결하는 날이다. 히브리어의 의미는 죄를 덮는 날이다. 히브리어에서 덮는다는 **카파르**이며, 이것을 영어화해서 그날을 **욤 키퍼**(Yom Kippur)라고 한다.[1] 이스라엘 백성은 과거 일 년 동안 범한 모든 죄로부터 해방되기를 원하며 또 해방되는 날이다. 그들의 죄 문제는 이렇게 해마다 한 번씩 속죄일에 덮음을 받아야 한다.

죄의 문제를 해결하는 이 속죄일은 유대인의 7대 절기 가운데 가장 거룩한 절기로 여겨졌다. 그런 이유 때문에 이스라엘 백성은 나팔절부터 회개와 기도의 시간을 자그마치 10일 동안이나 갖는다. 속죄일에 죄를 용서해 주시는 분은 물론 하나님이시지만, 인간 편에서도 철저한 준비를 해야 한다. 첫째는 백성이 용서 받을 준비를 해야 한다. 둘째는 대제사장이 준비를 잘 해야 한다. 만일 그가 준비 되어 있지 않으면 그날의 행사는 무효가 된다. 셋째는 제물인데, 적절한 제물을 통하여 하나님으로부터 용서를 받기 때문이다.

먼저, **이스라엘 백성**은 어떤 준비를 하는가? 그들은 "스스로 괴롭게" 해야 하는데, 여기에서 **괴롭게 한다**는 금식을 의미한다 (레 23:29, 32).[2] 그들은 금식을 하면서 한 해의 죄를 회개해야 한다. 그렇게 하지 않는 자들은 누구를 막론하고 백성 중에서 끊쳐질 것이다 (레 23:29). 다시 말해서, 그런 자들은 더 이상 이스라엘 백성으로 간주되지 않는다. 뿐만 아니라 그들은 어떤 일도 해서는 안

---

1) 속죄일은 히브리어로 **욤 키푸림**(יום כפורים)이다.
2) 이것은 금식만을 명령한 것이 아니라 회개도 포함된 유일한 성경 말씀인데, 후에 이 말씀에 첨가된다 (슥 7:2~5, 8:19). 이를 위하여 다음을 보라, Noordtzij, *Bible Student's Commentary: Leviticus*, 238.

되는데, 그 법을 어긴 자도 죽임을 당한다 (레 23:30).

그 다음, **대제사장**도 철저한 준비를 해야 한다. 실제로 대제사장이 제대로 준비가 안 되어 그날의 예식을 망치면 이스라엘 백성은 죄의 문제를 가지고 일 년을 더 기다려야 한다. 그뿐 아니라, 그날 대제사장은 지극히 거룩하신 하나님의 존전(尊前)으로 나아가기 때문에 철저히 준비되어야 한다. 만일 준비되지 않은 채 하나님 앞으로 나아가면 본인이 죽임을 당할 뿐 아니라, 이스라엘 백성도 헛수고를 하게 된다.

대제사장은 휘황찬란한 제사장 복장을 하지만 그 준비만으로는 부족하다. 특히 하나님과 백성 사이의 중보는 너무나 중요하기에 그는 그만큼 준비를 잘해야 한다. 그는 속죄일이 시작되기 7일 전부터 예식적인 정결을 유지하기 위하여 최선을 다해야 한다. 그날 대제사장은 다섯 번이나 몸을 물에 담가서 정결하게 해야 한다. 그뿐 아니라, 그날부터 약 500명의 레위인들이 그를 가까이 따르면서 그가 부정하게 되지 않도록 그를 둘러싼다.3)

대제사장은 그날, 곧 속죄일 7일 전에 집을 나온다. 그리고 성전 안에 있는 제사장 숙소에 머물러야 하는데, 그 이유는 두 말할 필요 없이 그가 가정에서 부정하게 되지 않게 하기 위해서이다. 그렇게 주의에 주의를 거듭하는데도 불구하고 만에 하나 부정하게 되었을 것을 우려해서 하루에 두 번씩 붉은 암송아지의 재를 넣은 물로 몸을 씻는다. 그가 혹시 부지중에라도 시체로 인하여 부정하게 된 경우를 위한 것이다 (민 19:9).4) 거룩하신 하나님 앞으

---

3) Williams, *The Holidays of God: Fall Feasts*, 13.

로 나아가는 것이 이처럼 조심스러운 것이다.

마지막으로, **제물**을 어떻게 준비해야 하는가? 제물의 준비를 위해서는 민수기 29장을 보아야 한다. 참고로, 이스라엘 백성의 준비는 레위기 23장에서, 그리고 제사장의 준비는 레위기 16장에 나온다. 그러나 제물은 수송아지 하나, 수양 하나, 흠 없는 일 년 된 수양 일곱과 그리고 그 동물들에 해당되는 소제가 각각 첨가된다. 이런 모든 제물은 속죄제와 매일 드리는 상번제 외에 드리는 것이다 (민 29:8~11).

안으로 들어가서

속죄일은 이스라엘 백성에게 너무 중요한 날이므로 하나님은 모세를 통하여 속죄일의 행사를 자세히 알려 주신 바 있다. 그 성경으로 들어가서 속죄일을 보는 것이 순서가 될 것이다.

아론이 성소에 들어오려면, 수송아지를 속죄제물로 삼고, 수양을 번제물로 삼고, 거룩한 세마포 속옷을 입으며, 세마포 속바지를 몸에 입고, 세마포 띠를 띠며, 세마포 관을 쓸지니, 이것들은 거룩한 옷이라. 물로 그의 몸을 씻고 입을 것이며, 이스라엘 자손의 회중에게서 속죄제물로 삼기 위하여 숫염소 두 마리와 번제물로 삼기 위하여 수양 한 마리를 가져갈지니라....또 그 두 염소를 가지고 회막

---

4) Glaser, *The Fall Feasts of Israel*, 96.

문 여호와 앞에 두고, 두 염소를 위하여 제비 뽑되, 한 제비는 여호
와를 위하고, 한 제비는 아사셀을 위하여 할지며, 아론은 여호와를
위하여 제비 뽑은 염소를 속죄제로 드리고, 아사셀을 위하여 제비
뽑은 염소는 산 채로 여호와 앞에 두었다가 그것으로 속죄하고, 아
사셀을 위하여 광야로 보낼지니라....향로를 가져다가 여호와 앞
제단 위에서 피운 불을 그것에 채우고, 또 곱게 간 향기로운 향을
두 손에 채워 가지고 휘장 안에 들어가서, 여호와 앞에서 분향하여
향연으로 증거궤 위 속죄소를 가리게 할지니, 그리하면 그가 죽지
아니할 것이며, 그는 또 수송아지의 피를 가져다가 손가락으로 속
죄소 동쪽에 뿌리고, 또 손가락으로 그 피를 속죄소 앞에 일곱 번
뿌릴 것이며, 또 백성을 위한 속죄제 염소를 잡아 그 피를 가지고
휘장 안에 들어가서 그 수송아지 피로 행함 같이 그 피로 행하여
속죄소 위와 속죄소 앞에 뿌릴지니, 곧 이스라엘 자손의 부정과 그
들이 범한 모든 죄로 말미암아 지성소를 위하여 속죄하고....아론은
그의 두 손으로 살아 있는 염소의 머리에 안수하여, 이스라엘 자손
의 모든 불의와 그 범한 모든 죄를 아뢰고, 그 죄를 염소의 머리에
두어 미리 정한 사람에게 맡겨 광야로 보낼지니, 염소가 그들의 모
든 불의를 지고 접근하기 어려운 땅에 이르거든, 그는 그 염소를
광야에 놓을지니라.　　　　　　　　레위기 16:3~10, 12~16, 21~22

위의 말씀에 근거하여 다음과 같은 시나리오를 추출(抽出)할
수 있다. 대제사장이라도 일 년에 한 번 속죄일에만 지성소, 곧
하나님이 좌정(坐定)하신 곳에 들어갈 수 있다. 그러나 대제사장
도 역시 하나님 앞에서는 죄인이기에 먼저 자신의 죄 문제를 해

결해야 한다. 그는 물로 몸을 씻고, 흰색으로 된 세마포 속옷을 입는다. 그리고 자신의 죄를 대신하여 수송아지를 죽인다. 그는 한 손에 향로를, 그리고 다른 손에 피 그릇을 들고 지성소로 들어간다.

그는 그 순간 생명을 거는 것이다. 만일 하나님이 그를 수용하지 않으시면 그는 그 자리에서 즉사할 것이기 때문이다. 두렵고 떨리는 마음으로 지성소에 들어가자 바로 향로를 하나님과 자신 사이에 놓음으로 향연(香煙)이 그를 가리워서 죽음을 면한다. 그런 다음 그는 손가락으로 피를 속죄소 위, 곧 하나님이 좌정하신 곳에 일곱 번 뿌리고, 다시 그 피를 속죄소 앞쪽에 일곱 번 뿌린다. 그 후 그는 뒷걸음으로 지성소에서 나온다.

이스라엘 백성은 평상시에 아무도 여호와의 이름을 부르지 못한다. 너무나 두렵기 때문이다. 그러나 그날은 대제사장만이 여호와의 이름을 열 번 부를 수 있다. 그 대제사장이 "야웨"라고 말할 때 그 소리를 듣는 이스라엘 백성은 얼굴을 땅에 대고 이렇게 반응한다, "그 이름을 찬양할지어다; 당신의 나라의 영광은 영원할지어다."5) 그리고 나서 대제사장은 염소를 죽인다.

염소의 죽음은 이스라엘 백성의 죄를 위한 대속의 죽음이다. 대제사장은 제비에 뽑힌 염소를 죽여서 그 피를 받는다.6) 그 염소

---

5) Williams, *The Holidays of God: Fall Feasts*, 13.
6) 이때를 위하여 특별히 제작된 금상자 안에 "야웨를 위하여"와 "아사셀을 위하여"라고 기록된 서자판을 넣어둔다. 대제사장은 그 상자를 흔든 후 두 손을 넣어서 한 손에 하나씩 집는다. 그리고 오른손에 "여호와를 위하여"를 잡으면 좋은 징조로 그 염소는 하나님을 위하여 피를 흘리고 죽는

는 아무 잘못이 없는데도 이스라엘 백성을 위하여 대신 죽은 것이다. 대제사장은 그 피를 가지고 지성소 안으로 다시 들어간다. 이번에는 물론 백성의 죄를 속하기 위함이다. 그는 먼저처럼 그 피를 속죄소 위에 일곱 번 뿌리고, 또 속죄소 앞, 곧 동쪽에 일곱 번 뿌린다.

대제사장은 나와서 몸을 씻고 대제사장의 복장을 입는다. 그 옷은 이루 말할 수 없이 아름답고 영광스럽다. 머리에 쓴 두건 위에는 "여호와께 성결"이라는 글이 새긴 순금 판을 단다. 양쪽 어깨에 호마노 보석이 물렸는데, 각각 여섯 지파의 이름이 새겨져 있다. 가슴에는 흉패가 달렸는데, 그 흉패 위에는 열두 지파의 이름이 새긴 보석이 물려 있다. 그 이유는 간단하다! 대제사장은 어깨와 가슴에 열두 지파를 지고 또 안음으로 그의 힘과 마음을 온전히 백성을 위하여 바친다는 뜻이다.

흉패를 바친 에봇은 금색, 청색, 홍색, 자색, 흰색으로 수놓아 만든 아름다운 옷이다. 그 에봇을 바친 옷은 청색으로 된 겉옷인데, 목에서 무릎까지 이르며, 그 무릎 가에는 금방울 열 개와 석류 열 개가 번갈아 달려 있다. 대제사장이 성소에서 백성이 있는 회막 바깥으로 나올 때 나는 방울 소리는 하나님이 이스라엘 백성에게 그들의 대속물인 염소를 받으셨다는 것을 알려 주는 복된 소리가 된다.[7]

하나님을 대리하는 대제사장은 아름답고 영광스러울 수밖에

___

다. 이를 위하여 다음을 보라, Francis, *Celebrate the Feasts of the Lord*, 79.

[7] 대제사장의 복장을 자세히 보기 위하여 출애굽기 28장과 39장을 보라.

없다. 그는 이제 하나님을 대신하여 이스라엘 백성의 모든 죄가 용서되었다는 것을 선포할 것이다. 그러나 그 선포를 하기 전에 할 일이 하나 남아 있는데, 그것은 백성에게 죄가 완전히 제거된 사실을 보여 주어야 하는 것이다. 그는 아사셀을 위한 염소의 머리에 안수하면서 이스라엘 백성의 모든 불의와 죄를 고백한다. 그 것은 백성의 죄가 염소에게 옮겨가는 예식이다.

그 후 미리 정한 사람으로 하여금 그 염소를 무인지경(無人之境), 곧 사람이 전혀 없는 광야로 끌고 가게 한다. 그 염소가 광야로 한 걸음씩 옮겨갈 적마다 백성은 그들의 불의와 죄가 그만큼 멀리 간다는 것을 눈으로 확인한다. 그 염소는 점점 더 멀어지다가 마침내 모든 사람의 시야에서 완전히 사라진다. 다시 말해서, 그 백성의 모든 불의와 죄가 완전히 사라져 버린 것이다.[8]

물론 두 염소는 하나의 제물로 간주된다. 레위기는 그 사실을 분명히 언급한다, "이스라엘 자손의 회중에게서 속죄제물로 삼기 위하여 숫염소 두 마리...를 가져갈지니라" (레 16:5). 여기에서 속죄 제물은 하나의 제물을 말한다. 영어 성경에 의하면 하나를 강조하기 위하여 이렇게 기록된다, "two male goats for a sin offering." 이것을 직역하면 이렇다, "한 속죄 제물을 위한 두 마리 숫염소."

---

8) 세월이 흘러서 이 염소에 대한 관행도 바뀌었다. 아사셀에게 보내는 염소의 뿔에 빨간 털실을 매고 그 염소를 절벽에서 떨어뜨려 죽였는데, 언제나 그 털실이 흰색으로 바뀌었다는 것이다. 하나님이 그들의 속죄 제물을 받아주셨다는 확실한 증거였다고 믿는 근거는 이사야 1:18이다: "너희의 죄가 주홍 같을지라도 눈과 같이 희어질 것이요 진홍 같이 붉을 지라도 양털 같이 희게 되리라." 이를 위하여 다음을 보라, Williams, *The Holidays of God: Fall Feasts*, 15.

이렇게 해서 이스라엘 백성은 용서의 확신을 가지고 집으로 돌아간다.

회당 안에서

주후 70년의 역사적 사건 이후에는 성전에서 속죄일을 거행할 수 없었다. 성전도 없고, 제사장도 없기 때문이다. 자연스럽게 이처럼 중요한 속죄일의 시행은 회당으로 넘어갈 수밖에 없었다. 이스라엘에서 가장 중요한 절기인 속죄일을 거행하기 위하여 회당은 분주해진다. 그날은 모든 것을 흰색으로 치장하는데, 겸비하고 상한 마음을 표시하기 위함이다. 성경 두루마리를 넣어 두는 궤도, 성경 낭독자의 책상도 모두 흰색 천으로 덮는다. 회당을 흰 꽃으로 치장하며, 성도들도 흰 옷을 입는다.[9]

본격적인 속죄일 행사는 그 전날, 9일부터 시작된다. 이스라엘 백성은 촛불을 켜고 회당으로 들어오는데, 이 촛불은 모세가 속죄일에 시내 산에서 가지고 내려온 율법의 빛을 상징한다. 그들이 회당으로 들어올 때 그 다음날 찾아올 속죄일을 생각하며 두려움과 경외감에 휩싸인다. 모든 사람이 숨을 죽이고 있을 때 장로들이 성경 두루마리를 궤에서 꺼낸다. 회개하는 성도들이 새해에는 율법을 공경하겠다는 의미로 그 두루마리에 입을 맞춘다.[10]

---

9) Howard & Rosenthal, *The Feasts of the Lord*, 125.
10) Ibid., 114.

속죄일의 시작은 해가 지면서부터인데, 해가 지기 전에 장로들은 두루마리를 다시 궤에 넣는다. 그때 이스라엘 백성은 그들이 앞으로 일 년 동안 깨뜨릴 모든 서약에 대하여 회개하는 심정으로 기도문을 읽는다. 이 기도문을 세 번 읽는데, 처음에는 낮은 소리로 읽다가 두 번째는 더 큰 소리로, 그리고 마지막에 아주 큰 음성으로 소리 내어 읽는다. 그 기도문을 읽는 것은 그들의 범죄에 대한 슬픔의 표현이자 동시에 하나님의 용서를 구하는 절규이다.[11]

마침내 속죄일의 성회가 시작되는 날이 된다. 그날은 성회일뿐 아니라 안식일 중에 안식일이다. 하나님의 말씀이다, "이는 너희에게 안식일 중의 안식일인즉, 너희는 스스로 괴롭게 할지니, 영원히 지킬 규례라" (레 16:31). 이스라엘 백성은 "음식, 음료, 빨래, 기름 바르기, 구두 신기, 성교(性交)" 등을 할 수 없다. 그들은 온종일 금식하며, 찬양하면서 겸비한 자세로 보내야 한다. 물론 병든 자나 유약자는 금식에서 제외된다.[12]

위에서 이미 언급한 대로, 이스라엘 백성은 나팔절, 곧 7월 1일부터 7월 10일, 곧 속죄일까지 10일 동안 회개의 나날을 보낸다. 그리고 속죄일에 대제사장이 야웨의 이름을 열 번 부르는데, 부를 때마다 이스라엘 백성은 그들의 죄를 고백한다. 그러니까 그들은 그날 죄를 열 번 고백하게 된다. 그들은 십계명도 암송한다. 10은

---

11) 이 기도문은 **콜 니더**(Kol Nidre)—모든 서약—라고 불린다. 이를 자세히 보기 위하여 다음을 보라, Ibid., 114~17.
12) Gaster, *A Modern Interpretation and Guide: Festivals of the Jewish Year*, 151~52.

완전을 의미하는 수(數)일 수 있다. 그러므로 이스라엘 백성은 속죄일에 완전하게 회개를 한다.[13]

이처럼 열 번의 죄 고백은 속죄일에서 가장 중요한 행사이다. 지도자가 가나다순으로 죄의 목록을 두 가지씩 낭독한다. 예를 들면, 가에서 "**강**도질과 **간**음을 했습니다." 나에서 "**남**을 미워하고 **나**태했습니다." 다에서 "**도**둑질하고 **돈**을 헛되이 낭비했습니다." 그렇게 죄가 낭독될 적마다 이스라엘 백성은 주먹으로 가슴을 치면서 회개한다. 어떤 사람은 어떤 특정한 죄를 범하지 않았더라도 그런 범죄가 있는 국민 중 하나이기에 함께 회개한다.

그리고 가나다의 범주에 속한 죄를 회개할 적마다 매번 이런 표현으로 마무리를 짓는다: "당신 앞에서 우리가 범한 죄를 위하여, 이 모두를 위하여, 오 용서의 하나님이시여, 우리를 용서하소서, 들어주소서, 사면하소서!"[14] 그 후 그들은 이렇게 고백한다, "우리는 당신의 백성이니이다!" 이것은 하나님과 이스라엘 백성 사이의 친밀한 관계를 상기시키는 표현이다. 그런 관계에 근거해서 그들이 죄를 고백했으니 용서해 달라는 간구이다.[15]

아침이 되면 성경 말씀을 읽는데, 율법에서 레위기 16장과 민수기 29장 7~11절을 읽고 교훈을 받는데, 옛 조상들이 어떤 방법을 통하여 그리고 어떤 제물을 통하여 죄에서 깨끗함을 받았는지를 배운다. 그리고 선지서에서는 이사야 57장 14절부터 58장 14절까

---

13) Glaser, *The Feasts of Israel*, 110.
14) Gaster, *A Modern Interpretation and Guide: Festivals of the Jewish Year*, 154.
15) Glaser, *The Feasts of Israel*, 120.

지 읽으면서, 죄 사함을 받는 속죄일의 예식이 어떻게 유대인의 풍습에서 점진적으로 진화되었는지를 알려 준다.[16]

　오후의 예배에서 중요한 행사는 요나서를 읽는 순서이다. 요나서를 선택한 이유는 그 성경의 주제가 회개이기 때문이다. 비록 요나가 하나님의 명령을 어겼지만, 참된 회개를 통하여 확실히 하나님에게로 돌아왔기 때문에 하나님의 관용(寬容)을 얻을 수 있었다. 마찬가지로 어떤 죄인이라 할지라도, 심지어는 그 죄인이 우상을 숭배했다손 치더라도, 진정으로 회개하고 회개에 합당한 열매를 보이면 용서 받을 수 있다는 사실을 보여 주기 위해서 요나서를 읽는다.[17]

　속죄일이 저물어 가면서 이스라엘 백성은 폐회 예배를 드린다. 폐회를 알리는 것은 다름 아닌 그들의 신앙 선포이다. 그들은 이렇게 선포한다:[18]

　　　"들으라, 오 이스라엘아, 주는 우리의 하나님이시요, 주는 하나이시
　　　　라." (한 번 복창)
　　　"당신의 영광스러운 나라의 이름이 영원히 또 영원히 복되소서."
　　　　(세 번 복창)
　　　"주님, 당신은 하나님이십니다." (일곱 번 복창)

---

16) Gaster, *A Modern Interpretation and Guide: Festivals of the Jewish Year*, 165.
17) Ibid., 170 이하.
18) 참고로 폐회 예배를 **네일라**(Neilah)라고 하는데, 본래의 의미는 "문을 닫다"이다. Glaser, *The Feasts of Israel*, 123.

첫 번째의 "들으라..."를 한 번만 복창하는 것은 백성에게 유일신 사상을 고취시키기 위함이다. 그리고 두 번째 문장을 세 번 복창하는 것은 과거와 현재와 미래를 주장하시는 하나님의 왕권을 강조하기 위함이다. 마지막으로 세 번째 표현을 일곱 번 복창하는 것은 하나님이 완전한 분이시기 때문이다. 이런 복창과 더불어 모든 회중은 일어나고, 나팔을 한 번 길게 분다. 그 나팔 소리에 호응해서 그들은 이렇게 화답한다, "내년에는 예루살렘에서!"

뒤를 돌아보며

이스라엘 백성에게 가장 중요한 절기인 속죄일은 기독교에서도 역시 중요하다. 왜냐하면 기독교에서 유대교의 속죄일이 이중적으로 성취되기 때문이다. 한 번은 이미 과거에 성취되었고, 또 한 번은 앞으로 성취될 것이기 때문이다. 먼저, 속죄일이 언제, 그리고 어떻게 과거에 이미 성취되었는지를 살펴보아야 할 것이다. 그 후에 속죄일이 어떻게 그리고 누구를 통하여 성취될지를 알아볼 것이다.

먼저, 유대교의 속죄일이 어떻게 이미 성취되었는지를 보기 위하여 속죄와 연관되어 구약성경은 물론 신약성경에서 사용된 열쇠가 되는 단어를 살펴보자. 그 단어는 속죄소(Mercy Seat)이다. 위에서 본 것처럼, 대제사장은 일 년에 한 번씩 지성소에 들어가서 속죄소 위에 좌정하신 하나님을 만난다. 그런데 하나님을 만나기 위하여 대제사장은 제물의 피를 가지고 들어가서, 그 피를 속죄소 위에 일곱 번 뿌린다.

하나님은 그 피를 통하여 대제사장을 만나 주실 뿐 아니라, 대 제사장의 죄는 물론 이스라엘 백성이 일 년 동안 범한 온갖 죄를 용서하여 주신다. 그런데 그 속죄소는 언약궤를 덮은 뚜껑이다. 언약궤 안에는 십계명이 들어 있는데, 뚜껑으로 덮여 있지 않으면 십계명을 비롯한 많은 율법을 깨뜨린 이스라엘 백성은 처참한 심 판을 받을 수밖에 없다. 한 번은 벧세메스 사람들이 뚜껑을 열고 언약궤를 들여다보았기에 많은 사람들이 심판을 받아 죽임을 당 한 적도 있다 (삼상 6:19).

속죄소로 번역된 뚜껑 내지 덮개는 히브리어로 **카포렛**인데, 이 단어는 신약성경에서 화목제물로 번역되었다 (히 9:5).19) 중요한 것 은 화목제물로 번역된 이 단어가 예수 그리스도와 연관되어 사용 되었다는 사실이다. 그 말씀을 직접 인용해 보자, "이 예수를 하나 님이 그의 피로써 믿음으로 말미암는 화목제물로 세우셨으니, 이 는 하나님께서 길이 참으시는 중에 전에 지은 죄를 간과하심으로 자기의 의로우심을 나타내려 하심이니…예수 믿는 자를 의롭다 하려 하심이라" (롬 3:25~26).

이 말씀에 의하면, 예수 그리스도가 십자가에서 피를 흘리고 죽으심으로 화목제물이 되셨다는 것이다. 유대교의 속죄일 행사 라는 안목으로 보면, 예수 그리스도가 바로 이스라엘 백성의 모든

---

19) 구약성경의 **카포렛(כפרת)**은 신약성경의 헬라어로는 **힐라스테리온** ($\iota\lambda\alpha\sigma\tau\eta\rho\iota\sigma\nu$)이다.

죄를 짊어지고 죽은 염소와 같다는 것이다. 그 염소와 다른 점이 있다면 예수 그리스도는 두 염소—야웨를 위한 염소와 아사셀을 위한 염소—의 역할을 혼자 하셨다는 것이다. 뿐만 아니라, 예수 그리스도는 모든 믿는 자—이스라엘 백성과 이방인들—를 위한 화목제물이시라는 사실이다.

유대교의 속죄일에도 피 없이는 죄의 용서가 없었다 (레 17:11). 피를 속죄소 위에 일곱 번 뿌림으로 하나님이 이스라엘 백성의 죄를 용서하셨다. 마찬가지로, 예수 그리스도가 십자가에서 피를 흘리심으로 죄인들에 대한 하나님의 진노가 풀어졌던 것이다. 그 결과 그 피를 의지해서, 다시 말해서, 그 피를 믿고 하나님에게로 나아오는 모든 사람은, 아무리 큰 죄인이라 할지라도 그리고 어떤 민족이라 할지라도 상관없이 의롭다 하심을 받는다.

다시 말해서, 믿는 자는 화목제물 되신 예수 그리스도를 통하여 언제든지 하나님 앞으로 나아올 수 있다는 말이다. 유대교에서 일 년에 일차씩만, 그것도 대제사장만이 하나님 앞으로 나아갈 수 있었는데, 기독교에서는 누구나 그것도 언제든지 들어갈 수 있다. 그 사실을 증명이라도 하듯, 예수 그리스도가 십자가에서 죽으실 때, 지성소와 성소를 가로막고 있던 휘장이 위에서부터 아래로 찢어졌던 것이다 (마 27:51; 눅 23:45).

히브리서 저자는 속죄일이 예수 그리스도를 통하여 성취된 사실을 이렇게 말한다: "염소와 송아지의 피로 하지 아니하고, 오직 자기의 피로 영원한 속죄를 이루사 단번에 (지)성소에 들어가셨느니라. 염소와 황소의 피와 및 암송아지의 재를 부정한 자에게 뿌려 그 육체를 정결하게 하여 거룩하게 하거든, 하물며 영원하신 성령으로 말미암아 흠 없는 자기를 하나님께 드린 그리스도의 피가 어찌 너희 양심을 죽은 행실에서 깨끗하게 하고, 살아 계신 하나님을 섬기게 하지 못하겠느냐?"(히 9:12~14).

유대교의 속죄일이 그리스도를 통하여 이루어진 사실을 다음과 같이 도해할 수 있을 것이다. 이 도해가 보여 주듯, 성막 안에 있는 번제단에서 제물을 잡아서 피를 쏟고, 그리고 지성소 안에 들어가서 속죄소 위에 피를 뿌린 것은 예수 그리스도를 통하여 성취되었다. 그분은 완전한 제물이시자 동시에 완전한 속죄소이셨다. 당신의 피로 인류의 모든 죄를 담당하신 화목제물이 되셨던 것이다 (요일 2:2).

앞을 바라보며

속죄일은 이스라엘 백성에게는 가장 큰 절기이다. 그들은 일 년에 한 번씩 성전에 모여서 그동안 지은 모든 죄뿐 아니라, 앞으로 일 년 동안 지을 죄에 대해서도 철저하게 회개한다. 그리고 긍휼의 하나님은 그들을 용서하신다. 동시에 속죄일은 교회에게도 가장 큰 절기이다. 예수 그리스도가 바로 속죄일의 절기를 성취하셨기 때문이다. 그러나 이스라엘 백성은 여전히 예수 그리스도를 그들의 메시야로 받아들이지 않고 있다. 그들은 여전히 영적으로 어두움 가운데 있다.

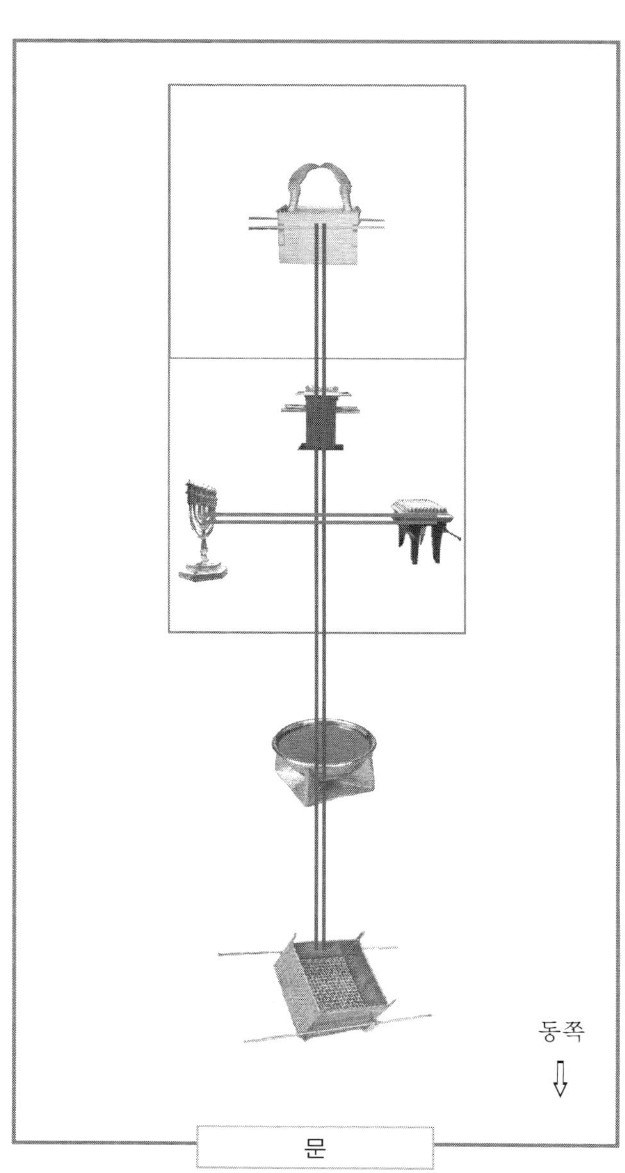
동쪽
문

하나님이 그처럼 사랑하신 이스라엘 백성은 언제 속죄를 받는가? 다시 말해서, 언제 속죄일의 절기가 그들을 위하여 성취되는가? 그런 날이 올 것이다! 하나님은 구약성경에서 반복적으로 크고 두려운 주의 날과 구원에 대하여 예언하고 있다. "여호와의 크고 두려운 날이 이르기 전에 해가 어두워지고 달이 핏빛 같이 변하려니와, 누구든지 여호와의 이름을 부르는 자는 구원을 얻으리니…남은 자 중에 나 여호와의 부름을 받을 자가 있을 것임이니라" (욜 2:31~32).

하나님의 장자인 이스라엘 백성도 죄를 용서 받는 날이 있을 것이다. 그러나 먼저 그들이 통과해야 될 시련을 피할 수 없을 것이다. 차례로 살펴보면서 속죄일이 앞으로 그들에게 어떻게 성취될지를 찾아보자. 앞 장에 나온 나팔절에서 본 대로, 교회가 휴거된 이후 이 세상은 대 환난으로 들어간다. 물론 모든 종교인들과 유대인들도 그 환난을 피하지 못한다. 왜냐하면 그들도 예수 그리스도를 그들의 구세주로 받아들이지 않았기 때문이다.

그러나 하나님은 긍휼을 더하사 택한 자들을 위하여 7년 대 환난의 날들을 감해 주신다 (마 24:22). 그런 긍휼이 없다면 아무도 구원을 받지 못할 것이니, 그 환난이 너무 심하기 때문이다. "이는 그때에 큰 환난이 있겠음이라. 창세로부터 지금까지 이런 환난이 없었고 후에도 없으리라" (마 24:21). 그러면 어떤 방법으로 그들의 환난 날이 감해진단 말인가? 그 사실을 위하여 다니엘로 옮겨가 보자.

"그가 장차 많은 사람들과 더불어 한 이레 동안의 언약을 굳게

맺고, 그가 그 이레의 절반에 제사와 예물을 금지할 것이며, 또 포악하여 가증한 것이 날개를 의지하여 설 것이며, 또 이미 정한 종말까지 진노가 황폐하게 하는 자에게 쏟아지리라" (단 9:27). 여기에서 한 이레는 7년을 가리키는 이스라엘 식 표현이다. 그러니까 대 환난은 7년 동안 계속될 것이라는 의미이다.

여기에서 7년 동안 많은 사람과 언약을 맺는 자는 적그리스도이다. 그는 특히 이스라엘과 언약을 맺고 종교적으로, 경제적으로, 정치적으로 거짓 평안을 준다. 그러나 그 7년의 절반, 곧 "한 때와 두 때와 반 때"가 지나자 그 적그리스도는 언약을 깬다 (단 7:25, 12:7; 계 12:14).[20] 이스라엘 백성이 겪는 고초는 이루 다 말할 수 없는데, 그때의 환난을 잘 묘사한 곳이 바로 요한계시록이다 (계 6~18장 참고).

적그리스도는 이스라엘 백성에게 생명과 같은 모든 "제사와 예물을 금하고" 가증한 동물을 올리며, 스스로 높여서 하나님이라 칭한다. 바울 사도의 예언을 들어보자: "....먼저 배교하는 일이 있고, 저 불법의 사람 곧 멸망의 아들이 나타나기 전에는 그날이 이르지 아니하리니, 그는 대적하는 자라. 신이라고 불리는 모든 것과 숭배함을 받는 것에 대항하여 그 위에 자기를 높이고, 하나님의 성전에 앉아 자기를 하나님이라고 내세우느니라 " (살후 2:3~4).

그때에 이스라엘 백성은 하나님의 말씀을 의지하여 적그리스도와 전쟁을 일으킨다. 마치 그들의 조상이 로마 대군을 대적하여

---

[20] 다른 성경에서는 3년 반의 기간을 42달(계 11:2, 13:5), 1,260일(계 11:3, 12:6) 등으로 표현하기도 한다.

전쟁을 일으킨 것처럼 말이다. 그들이 의지할 말씀은 스가랴 12장으로, 몇 절만 인용하면 다음과 같다: "보라, 내가 예루살렘으로 그 사면 모든 민족에게 취하게 하는 잔이 되게 할 것이라....천하 만국이 그것을 치려고 모이리라....그날에 내가 모든 말을 쳐서 놀라게 하며....유다 족속은 내가 돌아보고....예루살렘 사람들은 다시 그 본 곳 예루살렘에 살게 되리라" (슥 12:2~4, 6).

이 전쟁이 저 유명한 아마겟돈전쟁이다 (계 16:16). 하나님의 이름으로 일어난 이스라엘 군대와 그들을 둘러싼 군왕과의 전쟁은 참으로 치열한 전쟁이 될 것이다. 이 전쟁이 치열한 이유 중 하나는 이스라엘을 치러 온 많은 군왕 뒤에는 악령들이 내포되어 있기 때문이다 (계 16:14). 그러나 이스라엘 백성이 의지한 하나님의 말씀은 허무하게 이루어지지 않고 그들은 거의 전멸하다시피 패배를 맛본다.

그런 패배의 예언은 스가랴 14장에서 찾을 수 있다: "여호와의 날이 이르리라; 그날에 네 재물이 약탈되어 네 가운데에서 나누이리라. 내가 이방 나라들을 모아 예루살렘과 싸우게 하리니, 성읍이 함락되며, 가옥이 약탈되며, 부녀가 욕을 당하며, 성읍 백성이 절반이나 사로잡혀 가려니와, 남은 백성은 성읍에서 끊어지지 아니하리라" (슥 14:1~2). 이스라엘 백성은 패배의 아픔을 씹으면서 통곡하기 시작한다.

그들의 통곡은 이중적이다: 하나는 너무나 큰 패배의 고통 때문이고, 또 하나는 하나님이 그들에게 회개의 영을 부어 주시기 때문이다. 그들이 애통해 하며 하는 회개는 그들의 조상이 속죄일에 회개하던 것과 같은 회개이다. 이제, 그렇게 오래 전에 예언되고 또 예식으로 치러지던 속죄일이 마침내 최후의 성취를 이루게 된 것이다. 그들의 조상처럼 그들은 철저한 회개를 하며, 따라서 하나님은 그들에게 긍휼을 부어 주사 용서를 베푸신다.

그렇게 성취될 예언의 말씀을 보자: "내가 다윗의 집과 예루살렘 주민에게 은총과 간구하는 심령을 부어 주리니, 그들이 그 찌른 바 그를 바라보고, 그를 위하여 애통하기를 독자를 위하여 애통하듯 하며, 그를 위하여 통곡하기를 장자를 위하여 통곡하듯 하리로다. 그날에 예루살렘에 큰 애통이 있으리니, 므깃도 골짜기 하다드림몬에 있던 애통과 같을 것이라" (슥 12:10~11).

이스라엘 백성의 회개는 예수 그리스도에 대한 것이다. 그들이 그처럼 증오하면서 "십자가에 못 박혀야 하겠나이다"라고 외쳤던 바로 그분에 대한 회개이다 (마 27:22). 베드로도 그 사실을 이스라엘 백성에게 그대로 묘사했다, "너희가 법 없는 자들의 손을 빌어 못 박아 죽였으나" (행 2:23). 그러나 마침내 이스라엘 백성은 그들이 죽인 바로 그분이 그들이 그처럼 오랫동안 기다리던 메시야라는 사실을 깨닫고 또 그분을 통하여 용서를 받는다.

그때에 그들이 철저한 회개를 한 것에 비례해서 철저한 용서의 샘물이 흐를 것이다. "그날에 죄와 더러움을 씻는 샘이 다윗의 족속과 예루살렘 주민을 위하여 열리리라" (슥 13:1). 이것은 어떤 샘물에 대한 예언인가? 그 샘물은 두말할 필요도 없이 어떤 죄라도 용서하는, 아무리 흉악한 죄라도 씻어 주는, 심지어는 우상숭배의 죄까지도 없애 주는 보혈의 샘물이다 (벧전 1:18~19). 이렇게 해서 속죄일이 완전히 성취될 것이다.

위의 내용을 도해하면 다음과 같다:

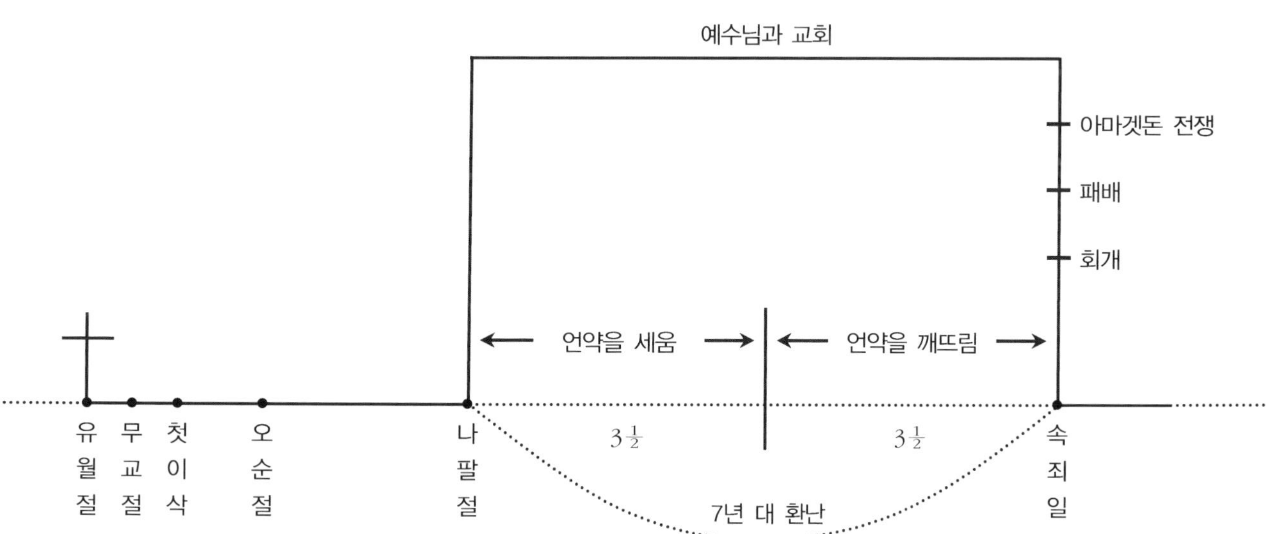
예수님과 교회
아마겟돈 전쟁
패배
회개
언약을 세움
언약을 깨뜨림
3½
3½
7년 대 환난
유월절
무교절
첫이삭절
오순절
나팔절
속죄일

초막절

초막절은 가을의 절기 가운데 마지막일 뿐 아니라 이스라엘의 7대 절기 가운데 마지막 절기이다. 이 절기는 동시에 이스라엘의 3대 절기 중 하나이다. 그러므로 이스라엘 백성은 초막절을 지키러 성전으로 올라갈 때 빈손으로 갈 수 없다. 그들은 십일조나 감사의 예물을 가지고 나아가야 한다. 그뿐 아니라, 초막절에 하나님에게 드려야 할 제물의 목록이 제시되었는데, 그 구체적인 목록에 따라 제물들을 가지고 나아와야 했다 (민 29:13 이하).[1]

초막절은 수장절(收藏節)이라고도 불리는데, 그 이유는 가을의 곡물을 추수하여 저장하는 절기이기 때문이다. 이스라엘 백성은 추수를 마치고 기쁨에 넘쳐서 절기를 지켰는데, 그것이 바로 추수감사절의 유래가 되었다.[2] 그러니까 수장절은 농사철과 직접적으로 연관되어 불린 절기이다. 하나님도 처음에는 모세를 통하여 이 이름으로 절기를 지키라고 명령하셨다, "수장절을 지키라. 이는

---

1) 초막절에 가장 많은 제물을 하나님에게 드린 경우는 솔로몬이 초막절에 성전을 봉헌할 때였다 (왕상 8:2).
2) Epstein, *All about Jewish Holidays and Customs*, 29.

네가 수고하여 이룬 것을 연말에 밭에서부터 거두어 저장함이니라"(출 23:16).

수장절이 농사와 연관된 이름이라면 초막절은 이스라엘 백성이 애굽을 나와서 가나안으로 들어갈 때까지의 여정에서 지내던 모습을 강조한다. 그들은 40년 동안 광야를 지나는 동안 마땅히 머물 곳이 없었다. 그들은 풀과 나무로 얼기설기 엮어 만든 초막에 의지하여 하루하루를 지낼 수밖에 없었다. 그렇게 긴 세월 동안 하나님은 떠돌이들인 이스라엘 백성을 책임지고 재우시고, 먹이시고, 보호하셨다. 그런 하나님의 공급을 기억하면서 그들은 이 절기를 초막절이라 불렀다.[3]

초막절은 히브리어로 **수콧**인데, 그 의미는 장막, 오두막, 회막, 임시 가옥의 의미가 있다. 그런데 야곱이 외삼촌 댁으로부터 돌아와서 처음 정착한 곳이 바로 숙곳이었다. 그 이름의 유래가 흥미롭다, "야곱은 숙곳에 이르러 자기를 위하여 집을 짓고, 그의 가축을 위하여 우릿간을 지었으므로, 그 땅 이름을 숙곳이라 부르더라"(창 33:17). 그 지역의 이름이 숙곳이 된 이유는 그 곳에 임시 처소를 마련했기 때문이다.

이스라엘 백성이 애굽에서 나올 때 첫 번째 진을 친 곳도 역시 숙곳이었다 (출 12:27; 민 33:5). 그 곳에서 얼기설기 임시 숙소를 마련하고 밤을 지낼 수밖에 없었다. 문자 그대로 그 곳은 숙곳, 곧 장막이었다. 그들의 조상 야곱처럼 그 곳에서 임시로 거처를 마련하고 거처했던 것이다. 바로 이 숙곳이 초막절의 시발점이기도 했는데,

---

3) 초막절은 히브리어로 **하그 하 수콧**(הג הסוכות)이다.

그 이름이 유명해진 것은 숙곳 내지 **수콧**이라고 불리는 초막절 때문이다.[4]

성경의 교훈

수장절이라고도 하며, 초막절이라고도 하고 또 **수콧**이라고도 하는 이 절기에 대하여 성경이 어떻게 가르치는지 알아보기 위하여 하나님의 말씀을 직접 보자:

여호와께서 모세에게 말씀하여 이르시되, "이스라엘 자손에게 말하여 이르라. 일곱째 달 열닷샛날은 **초막절**이니, 여호와를 위하여 이레 동안 지킬 것이라. 첫 날에는 성회로 모일지니, 너희는 아무 노동도 하지 말지며, 이레 동안에 너희는 여호와께 화제를 드릴 것이요, 여덟째 날에도 너희는 성회로 모여서 여호와께 화제를 드릴지니, 이는 거룩한 대회라. 너희는 어떤 노동도 하지 말지니라....너희가 토지 소산 거두기를 마치거든 일곱째 달 열닷샛날부터 이레 동안 여호와의 절기를 지키되, 첫 날에도 안식하고, 여덟째 날에도 안식할 것이요, 첫 날에는 너희가 아름다운 나무 실과와 종려나무 가지와 무성한 나무 가지와 시내 버들을 취하여, 너희의 하나님 여호와 앞에서 이레 동안 즐거워할 것이라. 너희는 매년

---

4) Kenneth A. Mathews, *Genesis 11:27~50:26, The American Commentary* 제2권, E. Ray clendeney 편집 (Nashville, TN: Broadman & Holman Publishers, 2005), 573.

이레 동안 여호와께 이 절기를 지킬지니, 너희 대대의 영원한 규례라 너희는 일곱째 달에 이를 지킬지니라. 너희는 이레 동안 초막에 거주하되, 이스라엘에서 난 자는 다 초막에 거주할지니, 이는 내가 이스라엘 자손을 애굽 땅에서 인도하여 내던 때에 초막에 거주하게 한 줄을 너희 대대로 알게 함이니라. 나는 너희의 하나님 여호와이니라." 모세는 이와 같이 여호와의 절기를 이스라엘 자손에게 공포하였더라.
레위기 23:33~36, 39~44

초막절은 **티쉬리**, 곧 7월 15일에 시작되어 일주일 동안 계속된다. 그러니까 초막절은 속죄일이 지난 후 5일째 되는 날부터 시작된다. 그 초막절의 기간 중 이스라엘 백성은 다음과 같은 세 가지를 한다: (1) 장막에서 지내며 하나님 앞에서 즐거워한다 (레 23:40). (2) 그렇게 즐거워하면서 그들은 매일 많은 제물을 하나님에게 올린다 (민 29:12~39). (3) 안식년에는 그 기간 중에 공개적으로 율법을 읽는다 (신 31:10~13). 이 세 가지를 좀 더 살펴보자.

첫째, 이스라엘 백성은 전국 방방곡곡에서 그리고 세계 여러 곳에서 예루살렘으로 몰려들며, 곧바로 초막을 짓는다. 14일까지는 끝내야 그 다음날부터 시작되는 초막절에 참여한다. 수없이 많은 초막이 예루살렘 거리는 물론 언덕과 들에 들어선다. 물론 안식일에 갈 수 있는 거리인 1,000규빗, 곧 대략 500미터 안에 짓는다. 나무 가지로 얽어서 만든 초막은 한편 이스라엘 백성에게 그들의 초라한 광야 생활은 물론 그 기간 중 하나님의 보호를 상기시킨다.[5]

이스라엘 백성은 그들이 세운 초막에서 일주일을 지내면서 마냥 즐거워하는데, 다른 사람들과 함께 즐거워해야 한다: "절기를 지킬 때에는 너와 네 자녀와 노비와 네 성중에 거주하는 레위인과 객과 고아와 과부가 함께 즐거워하되, 네 하나님 여호와께서 택하신 곳에서 너는 이레 동안 네 하나님 여호와 앞에서 절기를 지키고, 네 하나님 여호와께서 네 모든 소출과 네 손으로 행한 모든 일에 복 주실 것이니, 너는 온전히 즐거워할지니라"(신 16:14~15).

그런데 그들은 "아름다운 나무 실과와 종려나무 가지와 무성한 나무 가지와 시내 버들을 취하여, 너희의 하나님 여호와 앞에서 이레 동안 즐거워"한다 (레 23:40). 그들은 풍성한 과일을 즐기며, 종려 가지를 흔들며, 향기롭고 잎이 풍성한 가지와 시내 버들로 엮은 초막에서 7일 동안 즐거워한다. 이스라엘 백성은 이처럼 특별히 지명된 나무들과 과일들로 즐거워하도록 되어 있다.[6]

둘째, 이스라엘 백성은 초막절에 특히 많은 제물을 드려야 한다. 7일 동안 드려지는 제물은 수송아지 70마리, 매일 염소 7마리, 수양 14마리, 어린 양 98마리이다. 그 외에 소제로 고운 가루 33.6에바를 첨가했다.[7] 그런데 70마리의 황소를 제물로 드리는 이유

---

5) Glaser, *The Fall Feasts of Israel*, 161.

6) 그러나 랍비들은 이 네 종류의 나무를 다각도로 해석한다. "아름다운 나무 실과"는 토라를 잘 알 뿐 아니라 행위도 훌륭한 사람을, "종려 가지"는 토라를 잘 아나 행위는 훌륭하지 않은 사람을, "무성한 가지"는 행위는 훌륭하나 토라를 모르는 사람을, 그리고 "시내 버들"은 토라도 모르고 행위도 훌륭하지 않은 사람을 각각 가리킨다고 설명하기도 한다. 이를 위하여 다음을 보라, Ibid., 193.

7) 1에바는 22리터이니, 도합 739리터나 된다.

는 이방인 국가가 70개라고 믿기 때문이다. 창세기 10장에 의하면 노아의 후손이 70명이나 되며, 그들은 세계 각처에 퍼져서 각 족속의 어른이 된다. 그들의 평안과 안녕을 위하여 황소가 희생되며, 언젠가는 이방인들도 이스라엘의 하나님을 알게 된다는 것이다.[8]

실제로 이스라엘 백성에게 주어진 하나님의 말씀에 의하면, 하나님이 언젠가는 이방인들을 통치하는 왕이 되실 것이며, 세상의 모든 사람은 그 하나님이 유일신(唯一神)이라는 사실을 터득하게 될 것이다. 그렇게 선포한 성경을 직접 인용해 보자, "여호와께서 천하의 왕이 되시리니, 그날에는 여호와께서 홀로 한 분이실 것이요, 그의 이름이 홀로 하나이실 것이라" (슥 14:9).

셋째, 이스라엘 백성은 매 7년, 곧 안식년 초막절에 율법을 읽는다: "매 칠 년 끝 해, 곧 면제년의 초막절에 온 이스라엘이 네 하나님 여호와 앞 그가 택하신 곳에 모일 때에, 이 율법을 낭독하여 온 이스라엘에게 듣게 할지니, 곧 백성의 남녀와 어린이와 네 성읍 안에 거류하는 타국인을 모으고, 그들에게 듣고, 배우고, 네 하나님 여호와를 경외하며, 이 율법의 모든 말씀을 지켜 행하게 하고" (신 31:10~12).

과거의 성취

이스라엘 땅은 무척 건조하기에 비와 물은 지극히 중요했다.

---

8) Williams, *The Holidays of God: Fall Feasts*, 23.

이스라엘 백성은 그처럼 필요한 비를 초막절 행사에 연루시켰는데, 그 행사는 일종의 기도였다. 대제사장은 금으로 만든 그릇을 가지고 실로암 못으로 가서 조심스럽게 물을 길었다. 1리터가 약간 넘는 물이 담긴 금 그릇을 가지고 수문(水門)9)으로 들어올 때 뿔 나팔을 세 번 불었다. 그 곳에 있는 제사장들은 한 목소리로 이사야의 말을 반복했다, "그러므로 너희가 기쁨으로 구원의 우물들에서 물을 길으리로다" (사 12:3).

대제사장이 번제단 남쪽에 있는 은그릇에 그 물을 부을 때, 다시 나팔을 세 번 불었다. 그 나팔 소리에 맞춰서 레위인 찬양단이 **할렐**(시편 113~118편)을 부르기 시작했다. 그 곳에 모여 있던 군중은 종려 가지를 흔들면서 찬양에 합세했다, "여호와여, 구하옵나니, 이제 구원하소서! 여호와여, 우리가 구하옵나니, 이제 형통하게 하소서!" (시 118:25). 그 찬양과 더불어 손에 종려 가지를 든 제사장들은 번제단 주변을 돌았다. 대제사장이 물을 천천히 붓는 동안 찬양은 계속되고, 군중은 종려 가지를 계속 흔들었다.10)

이처럼 물을 붓는 행사가 예수 그리스도를 통하여 성취되었다는 것은 쉽게 볼 수 있다. 우선, 예수 그리스도가 예루살렘 성전으로 나귀를 타고 들어오실 때, 사람들은 종려 가지를 흔들며 소리쳤다, "호산나, 찬송하리로다! 주의 이름으로 오시는 이, 곧 이스라엘의 왕이시여!" (요 12:13). 호산나는 "구원하소서"이다! 그러니까 대

---

9) 본래 이 문은 예루살렘 남쪽 성문이었는데, 이 예식 때문에 물의 문으로 불렸다. Howard & Rosenthal, *The Feasts of the Lord*, 138.
10) Ibid., 139.

제사장이 구원의 물을 붓는 동안 외치던 그 소리를 이스라엘 백성은 예수 그리스도를 향해 외쳤던 것이다.

그렇다면 그분이 구원의 물이라도 되신단 말인가? 예수 그리스도는 두말할 필요도 없이 구원의 물이셨다. 예수님이 초막절의 물이심을 단적으로 말해 준 것은 다름 아닌 그분의 말씀이었다, "명절 끝 날, 곧 큰 날에 예수께서 서서 외쳐 이르시되, '누구든지 목마르거든 내게로 와서 마시라. 나를 믿는 자는 성경에 이름과 같이 그 배에서 생수의 강이 흘러나오리라'" (요 7:37~38).

대제사장이 실로암에서 떠온 물은 결코 백성들의 영적 갈증을 해결해 줄 수 없었다. 그 물은 부어졌고, 그리고 또 다시 떠와야 했고 또 부어졌다. 그처럼 목말라 하고 있는 백성을 향하여 예수님은 이렇게 말씀하셨다, "이는 그를 믿는 자들이 받을 성령을 가리켜 말씀하신 것이라 (예수께서 아직 영광을 받지 않으셨으므로 성령이 아직 그들에게 계시지 아니하시더라)" (요 7:39).

예수 그리스도는 이스라엘 백성에게 생수(生水)를 마시라고 초청하셨는데, 그 초청은 초막절 마지막 날이었다. 대제사장이 매일 물을 길어다 부었지만, 지금까지 그들은 아무도 채움을 경험하지 못했다. 그렇게 갈급한 사람들에게 예수님은 "생수의 강"을 제시하셨던 것이다. 그 생수의 강은 그들에게 기쁨을 줄 것이었다. 왜냐하면 그들은 나팔절부터 회개했고, 속죄일을 통하여 속죄의 의미를 깨달았다. 이제 남은 것은 속죄의 주인공이신 예수님을 받아들이고 변화의 기쁨을 누리는 것이었다.[11]

____

11) 이런 과정은 회개(repentance), 구속(redemption) 및 즐거움(rejoicing)

초막절에 물의 예식은 중요하지만, 그것만 있는 것은 아니었다. 성전을 불빛으로 밝히는 예식도 중요했다. 초막절 이튿날 저녁부터 끝나는 날까지 이스라엘 백성은 성전을 등불로 밝히는 예식을 거행했다. 성전 뜰 중앙에는 50규빗이나 되는 높은 등대 네 개에 등불을 켜면, 성전은 대낮처럼 밝아졌다. 산헤드린 회원은 물론 경건한 사람들과 각 종파에 속한 사람들은 손에 횃불을 들고, 밤이 늦도록 각종의 악기 연주와 찬양 소리에 맞추어 춤을 추었다. 그들이 부른 찬송은 시편 120~134편이었다.[12]

그 빛은 성전과 예루살렘을 밝혔지만, 그 결과 육체적으로나 도덕적으로 밝아진 사람은 하나도 없었다. 바로 그때 예수 그리스도는 이렇게 말씀하셨다, "나는 세상의 빛이니, 나를 따르는 자는 어둠에 다니지 아니하고 생명의 빛을 얻으리라" (요 8:12). 물론 이 말씀의 증거로 그분은 도덕적으로 어두움에 살던 여인에게 빛을 던져 주셨다. 간음하다가 현장에서 잡힌 여인에게 생명의 빛을 주셨던 것이다 (요 8:2~11).

그뿐 아니다! 그날 오후에 예수 그리스도는 성전에서 나오는 길에 장님을 만나셨다. 그 장님은 그 곳에서 초막절을 수도 없이 지냈다. 그러나 그는 여전히 장님이었다. 예수님은 이렇게 말씀하셨다, "내가 세상에 있는 동안에는 세상의 빛이로라" (요 9:5). 그리고 그 말씀을 증명이라도 하시듯, 그분은 장님에게 실로암

으로 요약될 수 있다. 결국 가을의 세 절기는 구원의 순서를 아름답게 알려 주는 복음이다.

12) Ibid., 140.

에 가서 씻으라고 하셨고, 그리고 그 장님이 그렇게 하자 눈이 떠졌다. 대제사장이 물을 긷던 그 우물이었다. 초막절의 빛은 그 장님의 눈을 뜨게 하지 못했으나, 참 빛이신 예수님은 눈을 뜨게 하셨다.

초막절 마지막 날은 절기의 절정이었다. 지금까지 엿새 동안에는 매일 나팔을 세 번 불었지만, 마지막 날에는 나팔을 일곱 번 불었는데, 그것을 세 번이나 반복했다. 그러니까 도합 21번이나 불었다. 그리고 초막절 중 처음 엿새 동안은 제사장들이 번제단을 한 번만 돌았는데, 마지막 날에는 일곱 번 돌았다. 그들은 번제단을 돌면서 호산나를 불렀고 (시 118:25), 백성은 종려나무 가지들을 흔들었다.[13]

그러나 제사장들과 백성이 나팔을 매일 불고 또 번제단을 돌았지만, 그런 예식이 그들에게 진정한 의미에서 기쁨을 주었는가? 물론 아니었다! 그런 예식들은 매년 반복되는 외적 형식에 불과했다. 왜냐하면 그들에게 필요한 것은 구세주와 성령님이시다. 바로 그때, 바로 절기 끝 날 예수 그리스도는 구세주인 자신을 드러내셨고, 또 성령을 약속하셨다, "누구든지 목마르거든 내게로 와서 마시라" (요 7:37). 결국 예수 그리스도가 생수와 빛이 되셔서 많은 사람들의 초막절 기도를 들으셨던 것이다.

---

13) Ibid., 141.

현대의 실천

초막절에서 가장 상징적인 것은 초막이다. 그러므로 이스라엘 백성은 속죄일이 끝나자마자 뜰에나 지붕 위에 초막을 짓기 시작한다. 그 초막은 키 큰 사람도 들어올 수 있을 만큼 높아야 하고 또 식탁이 들어올 만큼 넓어야 한다. 초막은 삼면을 가지로 엮어 만드는데, 한 면은 벽에 세우거나 아니면 커튼을 친다. 그리고 나서 나무 가지들로 지붕을 만드는데, 밤에는 별도 보이고, 빗방울도 들어오고, 낮에는 햇볕도 가릴 정도이어야 한다. 그 후 그 초막을 여러 가지 방법으로 아름답게 장식한다.[14]

이스라엘 백성은 초막절을 지키면서 나무 가지를 흔드는데, 아름다운 나무 실과는 왼손에 들고, 그리고 남은 세 종류의 가지는 오른손에 들고 흔든다. 그런데 이 세 가지를 아무렇게나 오른손에 들 수 없다. 종려 가지를 가운데 두고, 그 왼쪽에는 시내 버들의 가지 두 개와 그 오른쪽에는 세 개의 무성한 가지를 각각 둔다. 그러니까 왼손에는 나무 실과를 그리고 오른손에는 세 가지를 합친 가지들을 아침마다 회당에서 흔든다.[15]

그렇다고 그들은 아무렇게나 가지들과 실과를 흔들어서는 안 된다. 먼저, 그들은 동쪽을 바라보면서 그 실과와 가지들을 천천히 그리고 조심스럽게 세 번 흔든다. 그 다음에 남쪽을 향해서, 그 다음 서쪽을 향해서, 그 다음 북쪽을 향해서 위 아래로 그 실과

---

14) Howard & Rosenthal, *The Feasts of the Lord*, 143.
15) Glaser, *The Fall Feasts of Israel*, 194.

와 가지들을 각각 세 번씩 흔든다. 그렇게 사방을 향해 흔드는 이유는 동서남북 모든 곳이 하나님의 소유라는 사실을 인정하는 것이며, 또 위아래로 흔드는 이유는 하늘과 땅도 그분에게 속해 있다는 표시이다.[16]

이스라엘 백성은 회당에서 초막으로 다시 돌아온다. 초막으로 들어가면서 가장(家長)은 이렇게 축복한다: "오, 당신은 우리의 하나님이요, 우주의 왕이시며, 당신의 명령으로 우리를 성별시키시면서 우리에게 초막에 머무르라고 명령하셨습니다."[17] 일단 초막 안으로 들어오면, 가족은 잠시 이 절기 동안에 그들의 임시 처소가 될 초막의 의미와 특성에 대하여 묵상한다. 그 묵상 가운데 이런 내용도 포함된다.[18]

네 마음속으로 이렇게 말하지 말라, "내 능력과 내 손의 힘으로 내가 이 재물을 얻었다" (신 8:17); 너는 너로 하여금 발전할 수 있도록 네게 힘을 주신 분이신 주 네 하나님을 기억하라. 그러므로 백성은 수확의 계절에 좋은 것으로 가득한 집을 떠나서 초막에 머물라. 그리고 광야에서 아무 것도 소유하지 못하고, 집도 없었던 조상들을 기억하라. 이런 이유 때문에 거룩하신 분은 수확과 포도주를 얻는 시기에 초막절을 만드셨으니, 사람들은 가구로 가득한 집들에 대하여 자긍하지 말지어다.

그 후 이스라엘 백성은 식탁의 교제를 나누면서 음식을 나눈다.

---

16) Ibid.
17) Ibid., 195.
18) Ibid., 196.

음식을 나눈 후 그들은 절기에 맞는 찬양을 한다. 그리고 그 초막에서 잠자리를 청한다. 만일 두 시간 이상 비가 오면 한 사람이 기도하고, 감람나무 열매 정도의 작은 빵을 먹은 후 집으로 들어간다. 식구들 가운데 병든 사람이 있으면 그 사람은 처음부터 초막에서 자지 않고 집에서 자게 한다. 그들은 초막절 기간 중 이렇게 매일을 보낸다. 낮에는 다른 초막들을 방문하여 그 초막들의 아름다움을 칭찬한다.[19]

초막절의 마지막 날인 일곱 번째 날은 "큰 호산나"라고 불린다.[20] 이스라엘 회중은 매일 호산나를 부르면서 실과와 나무 가지들을 흔들며 회당을 돈다. 그러나 이 마지막 날에는 모든 회중이 더 많은 나무 가지들을 가지고 호산나를 부르면서 회당을 일곱 번 돈다. 그렇게 일곱 번 도는 것은 제사장들이 번제단을 일곱 번 돈 종교적 사실과 여리고성을 무너뜨리기 위하여 그 성을 일곱 번 돈 역사적 사실을 기억하기 위함이다.

마침내 초막절을 끝낸 다음날 곧 여덟째 날이 되면, 그날은 초막절을 마감할 뿐 아니라, 새로운 농사철을 알리는 절기의 시작으로 간주된다.[21] 그날은 하나님과 보다 깊은 교제를 사모하여 하루를 더 연장하는 이스라엘 백성의 마음에 비유될 수 있다. 그날의 중요한 예식은 새해에도 풍성한 비를 보내 달라는 기도가 포함된다. 그리고 그날 특별히 전도서를 읽으면서 초막절을 비롯해서 모

---

19) Ibid., 197~8.
20) 히브리어로는 **호샤나 라바흐**(Hoshana Rabbah)라고 불린다.
21) 히브리어로는 **쉐미니 아체렛**(Shemini Atzeret)이라고 불린다.

든 것이 헛되다는 것을 상기한다. 그들이 초막절을 지나치게 존귀하게 여길 것에 대한 배려이다.[22]

미래의 성취

이미 앞장에서 언급한 것처럼, 나팔절, 속죄일 및 초막절은 가을의 절기이기도 하지만, 이스라엘 백성에게는 한 해의 마지막 절기이기도 하다. 그런데 이 마지막 절기는 기독교에서도 없어서는 안 될 종말론을 함축하고 있다. 나팔절은 예수 그리스도의 공중 재림 및 교회의 휴거, 속죄일은 이스라엘 백성의 국민적 회개를 각각 함축하고 있다. 그리고 그 후에 일어날 마지막 때의 일은 초막절에서 찾을 수 있다.

이스라엘 백성의 민족적 회개는 너무나 처절한 핍박과 패배 후에 올 역사이며, 그나마도 하나님의 은총이 없으면 불가능한 역사일 것이다. 하나님이 다니엘을 통하여 예언하신 것처럼, 때가 되면 엄청난 은총을 부어 주실 것이다. 다니엘의 예언을 다시 보자, "그러므로 너는 깨달아 알지니라; 예루살렘을 중건하라는 영이 날 때부터 기름 부음을 받은 자, 곧 왕이 일어나기까지 일곱 이레와 예순두 이레가 지날 것이요..." (단 9:25).

아닥사스다 왕이 BC 464년에 즉위한 지 20년이 지나서 느헤미야에게 성을 재건하라는 명령을 주었다 (느 2:1~8). 그러니까 그때

22) Ibid., 199~200.

는 주전 445년이었다. 그후 일곱 이레와 육십 이 이레 후, 다시 말해서, 육십 구 이레 후, 기름 부음을 받은 자가 끊어지리라고 예언되었다 (단 9:26). 다시 말해서, 그 명령이 있은 지 483년 후에 그리스도가 십자가에 못 박히셨는데, 그때가 바로 주후 30년이었다.23) 그리고 예수 그리스도가 십자가에 못 박히신 후 교회의 시대가 도래하였다.

세월이 흘러서 교회가 휴거되어 교회의 시대가 끝나자, 7년 환난으로 들어가며, 그 7년은 바로 70이레째가 된다. 그러니까 다니엘의 예언은 교회 시대가 없는 것처럼 건너뛰어서 예수 그리스도의 죽음과 7년 대 환난을 직접 연결시킨다. 7년 대 환난 끝에 하나님의 개입으로 이스라엘 백성은 민족적으로 회개하고, 그들이 십자가에 못 박은 예수 그리스도를 그들의 메시야로 받아들인다. 그렇게 환난이 끝나는 순간 예수 그리스도는 성도들과 함께 지상으로 재림하실 것이다. 그리고 그때부터 초막절이 시작되는 것이다.

성경의 예언을 직접 읽어보자, "그때에 여호와께서 나가사 그 이방 나라들을 치시되, 이왕의 전쟁 날에 싸운 것 같이 하시리라. 그날에 그의 발이 예루살렘 앞, 곧 동쪽 감람 산에 서실 것이요…. 그날에 생수가 예루살렘에서 솟아나서 절반은 동해로, 절반은 서해로 흐를 것이라. 여름에도 겨울에도 그러하리라. 여호와께서 천하의 왕이 되시리니, 그날에는 여호와께서 홀로 한 분이실 것이요, 그의 이름이 홀로 하나이실 것이라" (슥 14:3~4, 8~9).

---

23) 이를 자세히 보기 위하여 다음을 참고하라, Tim LaHaye 편집, *Prophecy Study Bible* (Chattanooga, TN: AMG Publishers, 2000), 911~12.

주님은 이스라엘을 치는 열국의 군대를 파하시고 감람산으로 재림하실 것이다. 그리고 예수 그리스도가 약속하신 생수가 예루살렘으로부터 솟아나서 세상을 촉촉하게 적실 것이다. 그분은 천하의 왕이 되셔서 세상을 통치하실 것이다. 그뿐 아니라, 열국이 초막절을 지키러 예루살렘으로 올라올 것이다. "예루살렘을 치러 왔던 이방 나라들 중에 남은 자가 해마다 올라와서 그 왕 만군의 여호와께 경배하며, 초막절을 지킬 것이라" (슥 14:16).

이스라엘은 물론 만국이 지키는 초막절은 바로 천년왕국의 도래를 의미한다. 예수 그리스도는 왕 중의 왕으로, 그리고 그리스도인들은 왕들로 세상을 통치할 것이다. 그분은 마침내 다윗의 보좌에 좌정하실 것이다. 그리고 그리스도와 교회를 대적하던 마귀는 천 년 동안 결박되어 무저갱으로 던져질 것이다 (계 20:1~2). 한편 이스라엘 백성이 그토록 오랫동안 꿈을 꾸며 바라던 성전이 재건될 것이다 (겔 40장 이하).

이스라엘 백성은 본래 제사장 나라라는 존귀한 명칭이 주어졌는데, 그것은 세상 각처에 하나님의 사랑과 능력을 전하라는 명령이었다 (출 19:4~6). 그러나 이스라엘 백성은 그 명령을 수행하기는커녕 오히려 하나님의 백성인 세상 사람들을 멸시했다. 그런 것이 이유가 되어 이스라엘 백성은 그 명령을 이행할 수 있는 특권을 이방인 교회에 빼앗겼던 것이다.[24] 그러나 천년왕국 동안에 이스라엘 백성은 그 특권을 다시 이행할 수 있는 특권을 갖는다.

천 년이 다 찼을 때 성경의 예언대로 마귀는 다시 잠간 놓인다

---

24) 홍성철, 『주님의 지상명령: 성경적 의미와 적용』, 157 이하.

(계 20:3). 그리고 사방 백성을 미혹하여 예수 그리스도의 성도들과 최후의 전쟁을 일으킨다. 그때 주로 동원되는 민족이 바로 곡과 마곡이다 (계 20:8; 겔 38~39장). 그때에 하나님이 저들을 최후로 심판하셔서 지옥으로 던지실 것이며, 거기서 영원히 심판을 받을 것이다 (계 20:9~10). 하나님은 백보좌 심판대에 앉으셔서 부활된 모든 불신자들을 심판하실 것이다. 그들의 행위대로 심판을 받고, 둘째 사망으로 던짐을 받을 것이다 (계 20:13~14).

그러나 예수 그리스도를 구세주로 받아들인 모든 사람들은 새 하늘과 새 땅으로 인도될 것이다. 처음 하늘과 처음 땅이 없어졌기 때문이다 (벧후 3:12). 거기에서 그들은 하나님과 더불어 영원히 거하게 될 것이다. 영광스럽게 변화된 모습으로 그들은 두 가지를 하면서 초막절을 보낼 것이다: 첫째는 하나님을 예배하면서 그분에게 모든 영광을 돌릴 것이다. 둘째는 하나님의 영광스러운 임재를 끝없이 누리면서 지낼 것이다.[25]

위의 내용을 다음과 같이 도해할 수 있다:

---

25) Philip G. Ryken, *The Message of Salvation* (Downers Grove, IL: Inter-Varsity Press, 2001), 275 이하.

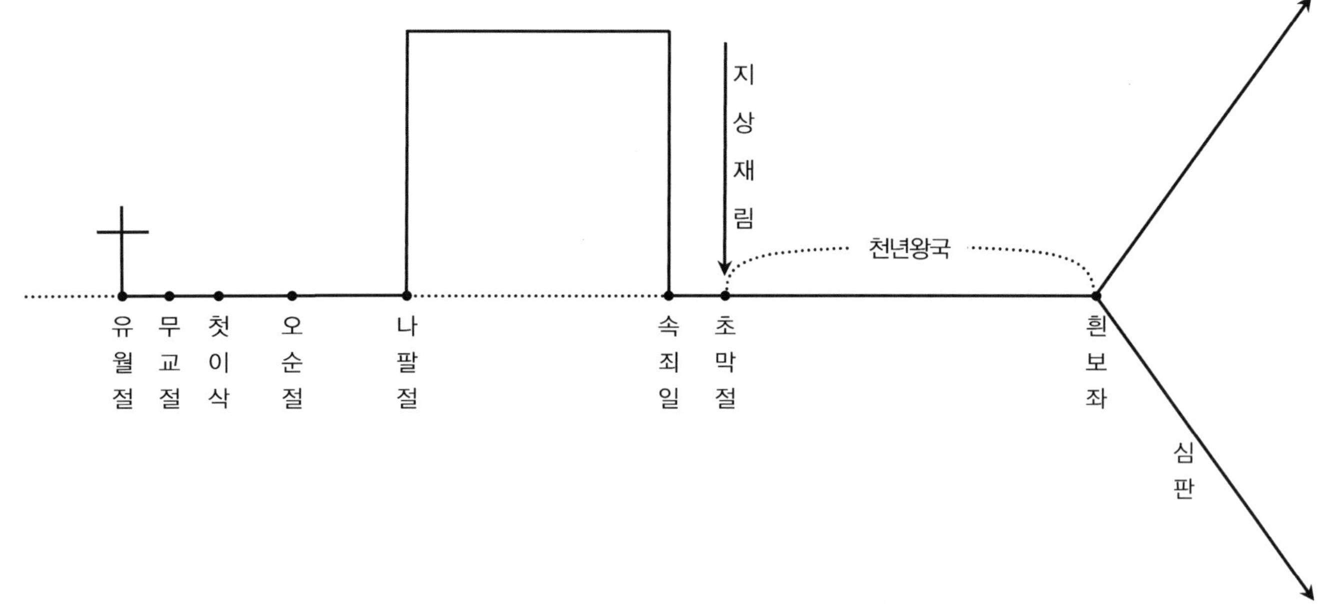
지상재림
천년왕국
유월절
무교절
첫이삭
오순절
나팔절
속죄일
초막절
흰보좌
심판

나가면서

이제 레위기 23장에 제시된 7대 기를 통한 여정은 끝났다. 짧다면 짧고, 길다면 긴 여정이었다. 그 여정을 통하여 유월절, 무교절, 첫 이삭 절기, 오순절, 나팔절, 속죄일, 초막절 등을 차례로 살펴보았다. 일 년 열두 달을 주기로 볼 때 그 절기들은 마치 시시때때로 맞이하는 쉼터와 같은 역할을 하고도 남음이 있었다. 특히 이스라엘 백성에게는 더욱 그랬다. 그들은 절기마다 육체적으로 쉼을 얻었을 뿐 아니라, 영적으로도 쉼을 얻었다.

우리는 그 쉼터에서 이스라엘 백성이 어떻게 육체적으로 쉼을 가졌으며, 또 영적으로는 어떻게 쉼을 누렸는지 살펴보았다. 이스라엘 백성이 누린 쉼터를 알아보기 위하여, 우리는 그들이 믿는 구약성경의 배경도 찾아보았고, 그들이 실시하고 있는 현재의 상황도 조사해 보았고, 그리고 그들에게 역사적으로 어떻게 이루어졌는지도 살펴보았다. 그리고 한 발 더 나아가서 그 쉼터가 지닌 농산물과의 관계도 찾아보았다.

그러나 우리는 거기에만 머물 수 없었다. 그 이유는 간단하다! 구약성경이든 신약성경이든 모든 성경은 성령의 감동으로 기록되었기에 (딤후 3:15~16; 벧후 1:21), 구약성경을 연구할 때는 신약성경의 해답이 필요하고, 신약성경을 연구할 때는 구약성경의 질문을 필요로 하기 때문이다. 다른 말로 말하면, 구약성경은 신약성경의 안목으로, 그리고 신약성경은 구약성경의 안목으로 접근해야 된다는 것이다.

그런 이유 때문에 우리는 레위기 23장의 여정을 지나면서 각 절기마다, 다시 말해서, 각 쉼터마다 함축하고 있는 뜻을 신약성경의 안목으로 접근하지 않을 수 없었다. 실제로 그런 접근은 한편 성경을 연구하는 기본적인 자세였지만, 동시에 크나큰 발견과 기쁨을 제공하기도 했다. 그렇게 해서 발견한 것은 이스라엘의 3대 절기는 기독교의 3대 절기이기도 하다는 사실이다.

구약성경에 기록된 이스라엘의 3대 절기, 곧 유월절, 오순절, 및 초막절은 신약성경에서 예수 그리스도의 초림과 성령의 강림 그리고 예수 그리스도의 재림을 각각 함축하고 있다는 사실을 우리는 함께 발견하였다. 그리고 레위기 23장에 확대된 이스라엘의 7대 절기도 역시 기독교의 7가지 역사적 사건으로 적용될 수 있다는 사실도 함께 발견하였다. 이미 위에서 누누이 언급한대로, 3대 절기 안에 7대 절기도 이미 포함되어 있었다.

유월절은 이미 무교절과 첫 이삭 절기도 포함된 중요한 절기였다. 이 세 절기를 한데 묶어서 무교절 내지 유월절이라고도 한다 (출 23:15; 신 16:1). 이 절기는 신약성경에서 예수 그리스도의 초림을 통하여 성취되었는데, 그 성취는 기독교에서도 가장 중요한 사건이 되었다. 왜냐하면 그 성취의 절정이 바로 예수 그리스도의 죽음과 부활이기 때문이다. 그리고 그분의 죽음과 부활은 복음의 핵심이기 때문이다.

좀 더 덧붙여서 설명하면 다음과 같다: 어린 양이 죽는 절기인 유월절은 예수 그리스도의 죽음을, 무교절은 예수님의 장사를, 그리고 첫 이삭 절기는 그리스도의 부활을 통하여 성취되었다. 예수 그리스도의 이런 죽음과 부활은 복음의 핵심이 되었다. 왜냐하면 그분의 죽음은 모든 죄인들을 위한 대속적 죽음이었고, 그분의 부활은 그런 대속적 죽음을 받아들인 모든 믿는 자들이 의롭게 되는 방편이었기 때문이다 (롬 4:25).

이처럼 봄의 절기(유월절, 무교절 및 첫 이삭 절기)가 한데 묶여서 제시된 이유가 여기에 있었다. 예수 그리스도가 십자가에서 죽으시고 (유월절), 장사되었다가 (무교절), 삼 일 만에 다시 죽은 자 가운데서 다시 살아나셨다 (첫 이삭 절기). 얼마나 놀라운 성취인가! 성령의 강림 이후 최초로 복음을 선포한 베드로 사도의 말도 마찬가지였다: "너희가...생명의 주를 죽였도다. 그러나 하나님이 죽은 자 가운데서 그를 살리셨으니, 우리가 이 일에 증인이라" (행 3:14~15).

복음의 내용을 가장 잘 정리한 바울 사도도 역시 같은 내용을 선포하였다. 바울의 선포를 들어보자: "형제들아, 내가 너희에게 전한 복음을 너희에게 알게 하노니, 이는 너희가 받은 것이요, 또 그 가운데 선 것이라. 내가 받은 것을 먼저 너희에게 전하였노니, 이는 성경대로 그리스도께서 우리 죄를 위하여 죽으시고, 장사 지낸 바 되셨다가, 성경대로 사흘 만에 다시 살아나사" (고전 15:1, 3~4).

위의 말씀에도 3대 절기가 너무나 분명히 포함되어 있다. "성경

대로 그리스도께서 우리 죄를 위하여 죽으시고”는 구약성경의 예
언과 모형(模型)대로 유월절의 분명한 재연(再演)이다. 유월절의 어
린 양이 이스라엘 백성을 위하여 대신 죽으신 것처럼, 예수 그리스
도는 모든 죄인을 위하여 대신 십자가에서 죽으신 것이다. 십자가
에서의 죽음은 기독교에서 가장 중요한 역사적 사건이다. 왜냐하
면 그분이 죽지 않으셨다면 어떤 사람도 죄의 문제를 해결할 수
없기 때문이다.

그 다음, “장사 지낸 바 되셨다”는 두말할 필요도 없이 무교절의
성취이다. 이스라엘 백성이 유월절의 역사를 통하여 애굽에서 나
올 수 있었던 것처럼, 죄인들도 예수님의 죽음을 통하여 죄에서
나올 수 있다는 것이다. 이스라엘 백성이 그들이 애굽에서 당했던
모든 괴로움을 기억하면서 무교병을 먹은 것처럼, 예수 그리스도
는 십자가에 죽으신 후 아무 맛도 없는 시체가 되어 무덤에 장사되
셨던 것이다.

마지막으로, “성경대로 사흘 만에 다시 살아나사”는 첫 이삭의
절기이다. 이스라엘 백성이 첫 이삭 한 단을 흔들어 드린 것처럼,
예수 그리스도는 부활의 첫 열매가 되어 죽은 자들 가운데서 다시
사신 것이다. 그분의 부활이 없었다면, 어떤 신자도 그리스도의
형상을 닮아가는 삶을 영위하지 못했을 것이다. 왜냐하면 부활의
주님이 신자와 함께 하시면서 삶의 방향과 능력을 제공하시기 때
문이다.

결국, 봄의 세 절기는 이스라엘 백성만을 위한 절기가 아니라
는 사실이 분명해졌다. 이 세상에 사는 모든 사람은 예수 그리스

도 앞으로 나아와야 한다는 사실을 가리킨다. 십자가에서 죽으셨다가 다시 사신 예수 그리스도를 통하여 죄와 죽음의 문제를 해결하라는 초청의 절기이다. 이스라엘 백성이 그 봄의 절기를 통하여 애굽에서 나올 수 있었던 것처럼, 우리도 예수 그리스도의 죽음과 부활이 우리를 위한 대속적 죽음이라는 사실을 받아들여야 한다.

봄의 절기는 그것만을 가르치는 것이 아니다! 예수 그리스도를 통하여 죄와 죽음의 문제를 해결한 사람은 모두 그 복음을 전해야 한다는 사실도 가르친다. 하나님이 모세를 통하여 모든 이스라엘 백성에게 봄의 절기를 지키라고 명령하신 것처럼, 하나님은 믿는 사람들을 통하여 이 세상 사람들에게 복음의 내용이신 예수 그리스도를 전하라고 명령하신다. 믿는 사람이 목사이든, 평신도이든 상관없이 이처럼 구약과 신약에서 선포된 복음을 전해야 한다.

이스라엘 백성에게 두 번째 중요한 절기는 오순절이다. 그들에게 오순절은 첫 이삭 한 단을 가져온 날로부터 50일째 되는 날 지키는 절기이다. 마찬가지로 오순절은 신약성경에서는 물론 기독교에서도 말할 수 없이 중요하다. 예수 그리스도는 당신의 부활하신 몸을 제자들에게 보이셨다. 40일 동안 열 번이나 보이셨다. 그 40일이 차자 그분은 제자들이 보는 앞에서 승천하셔서 하나님 곁으로 가셨다.

그 후 10일이 지나서 예수 그리스도는 하나님 아버지로부터 성령을 받아서 120명의 성도들에게 선물로 보내셨다 (행 2:33). 그러니까 그리스도가 부활하신 후 꼭 50일째 되는 날이었다. 그날 강림하신 성령은 120명의 성도들을 성령으로 충만케 하셨다. 엄격한 의미에서 성령의 강림으로 교회가 탄생되어 교회의 시대로 들어가는 시점이 된 것도 사실이다. 그러나 무엇보다도 120명의 성도들이 변화된 모습을 눈여겨 보아야 할 것이다.

그들은 비록 예수 그리스도를 주님으로 믿고 따랐지만, 그들의 삶은 변화되지 않았었다. 그들이 예수 그리스도의 제자라는 사실 이외에는 달라진 것이 거의 없었다. 그들은 주변에서 몰려오는 핍박을 두려워했다. 그들은 핍박을 피하기 위하여 그들의 주님을 버렸고, 부인했고, 심지어 도망쳤었다. 그들은 예수 그리스도의 증인이 되기는커녕 그분의 이름을 모독하는 언행을 일삼았다.

그러나 성령의 강림은 모든 것을 바꾸어 놓았다. 그들은 성령으로 충만함을 받자, 무엇보다도 담대해졌다. 그들에게서 지금까지 볼 수 없었던 변화된 삶이 있었을 뿐 아니라, 그들에게서 능력도 나타나기 시작했다. 거대한 로마제국 앞에서 120명은 한 움큼의 먼지에 불과한 미미한 존재들이었지만, 그들은 그 제국 앞에서 담대히 복음을 선포하기 시작했다. 그리고 마침내 그 제국을 복음으로 넘어뜨렸던 것이다.

초대 교인들이 경험한 성령 충만은 21세기를 살아가는 우리 그리스도인들에게도 큰 도전이 된다. 우리도 성령의 충만을 경험하지 않으면 이 무서운 세대를 이길 수도 없고, 또 변화시킬 수도 없다. 그렇다면 어떻게 초대 교인들처럼 성령으로 충만할 수 있는가? 그 방법도 역시 성경에 명시되어 있다. 120명이 한 대로만 하

면 될 것이다. 그들은 다음과 같이 세 가지를 했다:

첫째, 그들은 주님의 명령에 조건 없이 순종했다. 주님은 그들에게 예루살렘을 떠나지 말고 기다리라고 명령하셨다 (행 1:4). 120명의 성도들은 그 명령을 절대적으로 따랐다. 우리도 마찬가지다! 주님이 우리 각자에게 주시는 명령이 있을 것이다. 그 명령이 무엇이든지 우리는 순종해야 한다. 주님이 우리에게 주시는 명령은 알고 보면 우리를 위한 것이다. 당장은 이해가 가지 않을지라도 그 명령에 가감 없이 순종하면 성령으로 충만하게 될 것이다.

그런데 하나님 아버지는 그 자녀들에게 모두 똑같은 명령을 주시지 않는다. 어린 자녀에게는 어린이들이 행할 수 있는 명령을 주신다. 예를 들면, 매일 성경을 읽어라! 기도하라! 전도하라! 예배에 충실하라! 온전한 십일조를 바치라! 등이다. 그러나 성장한 자녀들에게는 보다 큰 명령을 주신다. 예를 들면, 원수를 위하여 기도하며 사랑하라! 시간을 내어서 봉사하라! 선교에 보다 깊이 연루되라! 등이다. 어떤 명령이든지 그 명령에 순종해야 성령 충만을 경험할 수 있다.

둘째, 그들은 한 마음으로 올지 기도에 힘을 쏟았다 (행 1:14). 120명의 성도는 우선 한 마음으로 기도했다. 그리고 오로지 기도에 열심을 다했다. 도대체 얼마나 기도해야 오로지 기도에 힘썼다고 할 수 있는가? 그들은 열흘 동안 기도에 전념하여 성령의 충만을 경험했다. 우리도 마찬가지이다! 우리도 성령의 충만을 경험하기 위하여 무엇보다도 한 마음이 되어야 한다. 그리고 열심히 기도해야 한다.

얼마나 기도해야 열심 내는 기도라고 할 수 있는가? 그것은 하나님이 응답하실 때까지 기도하는 것을 뜻한다. 하나님은 우리의 아버지이시기에 그 자녀들의 기도를 응답해 주기 원하신다. 하늘의 아버지는 무엇보다도 구하는 자에게 성령을 선물로 주신다고 약속하셨다: "너희 하늘 아버지께서 구하는 자에게 성령을 주시지 않겠느냐?" (눅 11:13). 물론 이 약속은 모든 기도에 대하여 응답 받으신 예수님이 하신 말씀이다.

셋째, 120명의 성도들은 그들의 개인적인 야심과 욕구를 포기했다. 사도행전 1장 26절에 의하면, 그들이 가룟 유다 대신 맛디아를 뽑을 때 순수하게 투표를 통하여 뽑았다. 어떤 누구도 그들의 기득권을 사용하지 않았다. 예수님의 수제자인 베드로도, 초대 교회의 지도자인 야고보도, 예수님의 어머니인 마리아도 기득권을 휘두르지 않았다. 그들은 그들의 권리를 포기하면서 하나님의 뜻만을 구했다. 그런 까닭에 그들은 성령 충만을 선물로 받았다.

우리도 마찬가지이다! 하나님의 뜻에 우리 각자의 뜻을 포기해야 성령으로 충만할 수 있다. 기득권을 행사하기 위하여 지위를 사용해서도 안 된다. 어떤 위치에 이르기 위하여 정치적 집단을 구성해서도 안 된다. 더군다나 다른 선량한 사람을 모함해서도 안 된다. 그리고 돈을 뿌리거나 법정을 이용하는 것도 결코 안 된다. 물론 그런 방법들을 통하여 소기의 목적을 달할 수 있으나, 주님이 약속하신 성령 충만은 결코 경험하지 못할 것이다.

이스라엘 백성은 가을의 절기—나팔절, 속죄일 및 초막절—도 중요하게 여기면서 지켰다. 이미 위에서 본 것처럼, 가을의 세 절기를 한데 묶어서 이스라엘의 세 번째 절기로 다룰 수 있다. 그리고 그것은 초막절 내지 수장절이라 불리는 것은 본문을 연구할 때 살펴본 바이다. 이스라엘 백성은 일 년의 마지막 농사를 마친 후 성전에 모여서 가을의 절기를 지켰다.

기독교에서도 초막절은 세 번째로 중요한 절기로, 주님의 재림을 가리킨다. 이 세상 끝 날에 주님은 나팔 소리와 함께 공중에 재림하실 것이며, 그때 모든 거듭난 그리스도인들은 공중으로 이끌려서 주님을 만나게 될 것이다. 이것은 나팔절의 성취이다. 그리고 그 기간 중에 이스라엘 백성이 민족적으로 회개하게 된다. 그때부터 이스라엘 백성은 세계의 복음화를 위하여 전도와 선교에 전념하게 될 것이다. 이것은 속죄일의 성취이다.

이렇게 시작된 왕국이 소위 천년왕국이다. 그 천 년 동안 사단과 그를 따르는 천사들은 무저갱에 가두게 될 것이다. 이 세상에 사는 사람들이 초막절을 지키러 하나님의 성전으로 모일 것이다. 마침내 하나님이 모든 사람들로부터 예배와 경배를 받으시게 될 것이다. 물론 거듭난 그리스도인들은 그리스도처럼 변화되어서 그리스도와 더불어 왕 노릇 하게 될 것이다. 그러니까 초막절은 모든 절기의 완성인 셈이다.

결국, 이스라엘의 삼대 절기는 기독교의 삼대 절기와 같다. 이스라엘의 삼대 절기, 곧 유월절과 오순절과 초막절은 기독교에서는 예수 그리스도의 초림과 재림, 그리고 성령의 강림을 가리킨다. 여기에서 강조하고 싶은 것은 예수 그리스도의 초림과 재림 사이에 오순절, 곧 초여름의 절기가 자리한다는 사실이다. 오순절 곧 성령의 임재는 과거의 십자가와 미래의 재림을 연결하는 중요한 연결고리이다.

이 삼대 절기는 우리에게 시사하는 바가 크다. 예수님의 초림, 곧 십자가의 사건은 모든 사람이 중생하지 않으면 안 될 사실을 가르친다. 그리고 성령의 강림은 모든 신자가 성령으로 충만하지 않으면 안 될 성결의 경험을 가르친다. 마지막으로 예수님의 재림은 모든 신자가 그분을 만날 준비를 해야 한다는 엄숙한 사실을 가르친다. 왜냐하면 그분은 재림하셔서 신자가 어떤 삶을 영위했는지에 대한 책임을 물으실 것이기 때문이다.

성경 색인

창세기		출애굽기	
1:27	165n	1:12~14	56
2:2	49	2:23~25	56
2:2~3	38	4:22	57
3:23	165n	5:1	56
4:1~2	165n	5:2	56
4:8	165n	6:6~7	65
8:1	165n	9:14~16	56
12:3	164	12:1~14	57, 58
15:6	164	12:2	32, 76
21:2	165n	12:3	76
22:2	83	12:6	76
22:3	165n	12:8~9	85
22:9	83	12:12	62
22:9~10	166	12:12~13	119
22:14	83	12:13	61
22:17~18	164	12:14	62
23:1~2	165n	12:14~20	93
25:21	165n	12:15	94, 95
33:17	200	12:16	93
41:39~44	165n	12:18~20	94
49:31	165n	12:19	95

레위기

간증 서적

나는 어떻게 예수님을 만났는가?
홍성철 편집 / 신국판 / 초판 1쇄, 개정판 11쇄 / 332쪽 / 8,000원
각계각층에서 그리스도의 향기를 진하게 풍기고 있는 21명의 신앙 고백으로, 새신자 및 전도용 선물로 최적인 책.

사망의 골짜기를 지날지라도
볼레터 스틸 크럼리 지음 / 유정순 옮김 / 신국판 / 초판 1쇄 / 158쪽 / 4,500원
말로 다 표현할 수 없는 인간의 비극 가운데서 하나님의 평강을 발견한 저자의 믿음과 용기에 관한 능력 있는 체험적인 이야기.

하나님과 함께 한 스탠리 탬의 놀라운 모험
스탠리 탬 지음 / 류선욱 옮김 / 신국판 / 초판 3쇄 / 334쪽 / 8,500원
하나님의 주권을 인정할 때 얼마나 놀라운 모험을 할 수 있으며, 무엇보다도 영혼을 구원하는 일에 하나님의 동역자가 될 수 있음을 체험적으로 보여 준 책.

하나님의 회초리   능력을 위한 사랑의 매
스탠리 탬 지음 / 성미영 옮김 / 신국판 / 초판 1쇄 / 234쪽 / 6,500원
어떻게 하나님의 능력을 갖게 되고, 기도의 응답을 받으며, 매일 당면하는 문제를 초월하여 승리하고, 열매 맺는 삶을 누릴 수 있는지를 체험적으로 쓴 책.

How I Met Jesus
John Sung-Chul Hong 편집 / 신국판 / 초판 1쇄 / 296쪽 / $9.99 (10,000원)
〈나는 어떻게 예수님을 만났는가?〉의 영어판. 한국 평신도 남녀 각 5인, 한국 목사 5인 및 외국인 5인의 신앙 고백.

전기 서적

거룩한 삶을 산 믿음의 영웅들
웨슬리 듀웰 지음 / 홍성철 옮김 / 신국판 / 초판 1쇄 / 312쪽 / 8,000원
거듭난 후 성령으로 충만함을 경험하고 하나님이 사용하신 믿음의 영웅들 열네 명의 전기집.

수잔나   존 웨슬리의 어머니
아놀드 댈리모어 지음 / 김석천 옮김 / 신국판 / 초판 1쇄 / 230쪽 / 6,000원
존과 찰스 웨슬리의 어머니 수잔나의 경건의 모범, 자녀 교육과 양육, 고난과 어려움을 이겨 풍성한 영적 유산을 남겨 준 이야기.

위대한 그리스도인들은 어떻게 성령의 충만을 받았는가
제임스 로슨 지음 / 홍성철 옮김 / 신국판 / 초판 2쇄 / 298쪽 / 7,000원
하나님의 장중에 사로잡혀 위대하게 살았던 20명의 감동적인 성령 충만의 체험담을 기록한 책.

존 웨슬리 그의 생애와 신학

로버트 G. 터틀 2세 지음 / 김석천 옮김 / 신국판 / 초판 1쇄 / 480쪽 / 13,000원
하나님께 전적으로 헌신하며 살았던 존 웨슬리의 이야기를 통해 독자를 예수 그리스도의 충
만한 믿음으로 인도하는 책.

경건 서적

그리스도의 마음

데니스 킨로 지음 / 홍성철 옮김 / 신국판 / 초판 1쇄 / 188쪽 / 6,000원
성령이 믿는 자에게 주시는 "그리스도의 마음"이 의미하는 바가 무엇인지 잘 설명해 주는 명저.

너희는 나를 누구라 하느냐?

존 T. 시먼즈 지음 / 홍성철 옮김 / 신국판 / 초판 1쇄 / 198쪽 / 6,500원
예수님의 인격과 비유와 기적을 통해 "너희는 나를 누구라 하느냐?"에 대한 질문을 신학적으로나
신앙적으로 명쾌하게 제시한 책.

성결의 아름다움

베인즈 에트킨슨 지음 / 홍성국 옮김 / 신국판 / 초판 1쇄 / 184쪽 / 5,500원
성결이라는 성경적 진리의 핵심에 직면하여 마음의 감동과 함께 성결하게 되는 것을 체험하도록
인도해 주는 책.

성령과 동행하라

스티븐 하퍼 지음 / 홍성철 옮김 / 신국판 / 초판 3쇄 / 224쪽 / 5,500원
기독교의 영성이 무엇이며, 또 어떻게 그 영성을 체험하고 유지할 수 있는지에 대한 좋은 안내자
가 되는 책.

성령님, 나를 변화시켜 주세요 그리고 사용하여 주세요

커리 매비스 지음 / 홍성철 옮김 / 신국판 / 초판 1쇄 / 180쪽 / 5,500원
분노와 죄의식 등 감정의 문제들이 어떻게 성령의 역사로 변화되어 성장할 수 있고, 주님께 쓰임
받을 수 있는가를 제시하는 책.

성령의 충만을 받으라

존 T. 시먼즈 지음 / 홍성철 옮김 / 신국판 / 재판 4쇄 / 152쪽 / 4,000원
성령의 충만과 능력을 갈구하는 모든 그리스도인에게 그 방법을 단계적으로 제시한 책.

십자가 앞에서

리차드 바우크햄, 트레보 하트 지음 / 김동욱 옮김 / 신국판 / 초판 1쇄 / 156쪽 / 5,000원
십자가 앞에 서 있던 열한 명의 삶의 관점에서 십자가를 묵상하므로 우리의 삶을 깊이 있게 변화
시켜 줄 것을 기대할 수 있는 책.

용감한 사랑, 변화시키는 능력 그리스도를 닮아가는 성령의 능력

테리 워들 지음 / 홍성철 옮김 / 신국판 / 초판 1쇄 / 216쪽 / 7,000원
그리스도인이 온전히 예수님을 닮아가도록 역사하는 성령의 변화시키는 능력을 알고 경험하도
록 돕는 명저.

주님, 나를 변화시켜 주세요

에벌린 크리스튼슨 지음 / 이혜숙 옮김 / 신국판 / 초판 1쇄 / 280쪽 / 9,500원
하나님이 어떻게 사람들을 변화시키시는지를 경험한 저자는 변화를 이루시는 분이 하나님이심
을 확신하게 하며, 실제적이고 획기적으로 변화되는 길을 안내해 주는 명저.

참된 믿음을 가지려면

존 슈와츠 지음 / 전현주 옮김 / 신국판 / 초판 1쇄 / 148쪽 / 5,000원

성경 개관, 기독교 역사 이해, 기독교 특성 이해, 그리스도인의 성장 방법 등을 설명하는 기독교의 기본 안내서.

첫 걸음부터 주님과 함께

션 던 지음 / 전현주 옮김 / 신국판 / 초판 4쇄 / 116쪽 / 3,500원

반복되는 일시적인 결단의 공허함을 극복할 수 있는 원리를 제시하며, 그 원리를 삶에 적용할 때 믿음의 진보와 주님과 하나 되는 매일의 삶으로 인도하는 책.

현대인을 위한 존 웨슬리의 메시지

스티븐 하퍼 지음 / 김석천 옮김 / 신국판 / 초판 2쇄 / 168쪽 / 5,000원

존 웨슬리의 메시지를 현대인을 위해 재해석한 책으로, 현대의 그리스도인들에게 빛과 방향을 제시해 주는 책.

제자훈련

건강한 제자가 되자 생명력 있는 그리스도인의 열 가지 특성

스티븐 매키아 지음 / 최언집 옮김 / 신국판 / 초판 1쇄 / 371쪽 / 12,000원

건강한 그리스도인으로서 예수 그리스도의 성숙한 제자가 되는 열 가지 원리를 제시하는 책.

이렇게 예수 그리스도의 제자가 되자

홍성철 지음 / 신국판 / 초판 2쇄 / 238쪽 / 7,000원

예수 그리스도처럼 제자훈련의 모범과 성공을 이룬 사람은 일찍이 없었다. 그분의 훈련 방법과 원리가 무엇인지에 대한 해답을 성경적으로 명쾌하게 제시한 책.

제자훈련 훈련자용 교재 / 훈련생용 교재

찰스 레이크 지음 / 송한민, 이영기 옮김 / 신국판 / 초판 1쇄 / 112쪽, 332쪽 / 5,000원, 13,000원

제자훈련 4단계, 각 9주의 훈련 과정을 통해 경건한 그리스도인으로 성숙해갈 수 있는 훈련자용 교재와 훈련생용 교재.

QT 서적

날마다 솟는 샘

존 T. 시먼즈 지음 / 이영기 옮김 / 크라운판 (양장본) / 초판 1쇄 / 378쪽 / 12,000원

사복음서에 나타난 예수님의 삶과 가르침을 통하여 1년 동안 큐티를 위한 매일의 영적 양식으로, 독자의 영적 삶을 풍성하게 해주는 책.

하나님의 임재를 연습하라

로렌스 형제 지음 / 스티브 트락셀 편집 / 류명욱 옮김 / 신국판 / 초판 2쇄 / 172쪽 / 6,500원

일상생활 속에서 하나님을 사랑하라는 명령을 실천하는 것이 무엇인가를 보여 주어 하나님의 임재 안에서 사는 법을 훈련할 수 있는 명저.

목회 서적

가정교회 21세기 목회의 새로운 대안

박승로 지음 / 신국판 / 초판 1쇄 / 214쪽 / 7,500원

교회성장을 위하여 소그룹의 특성을 살리며 살아 있는 교회의 세포인 "교회 안의 작은 교회"의 가정교회의 사례 연구와 교회 갱신의 전략으로서 구체적인 방향을 제시한 책.

영혼을 돌보는 목자

캐롤 와이즈, 존 힝클 지음 / 이기승 옮김 / 신국판 / 초판 1쇄 / 248쪽 / 6,500원

잠재력이 있는 영혼들을 돌보는 사역을 감당하고자 하는 목사, 전도사, 평신도 지도자, 구역장 등에게 안내자 역할을 하는 책.

항상 은혜가 먼저입니다

류종길 지음 / 신국판 / 초판 1쇄 / 356쪽 / 9,000원

저자의 목사 안수 30주년을 기념하여 펴낸 책으로, 저자의 신앙 고백과 함께 목회의 비전을 발견할 수 있는 책.

전도 및 선교 서적

당신의 생애도 변화될 수 있다

알란 워커 지음 / 홍성철 옮김 / 신국판 / 초판 2쇄 / 104쪽 / 4,000원

삶의 목적과 변화를 원하는 모든 현대인들에게 예수 그리스도가 제공하는 구원의 은혜로 변화된 생애를 살 수 있도록 도전하고 길잡이 역할을 할 명저.

복음을 전하세 복음전도의 성경적 근거

홍성철 지음 / 신국판 / 초판 2쇄 / 198쪽 / 8,000원

목회자는 물론 평신도에게 복음전도에 대한 뜨거운 열정과 사명을 일으키게 할 책.

불타는 전도자 존 웨슬리

홍성철 지음 / 신국판 (양장본) / 초판 7쇄 / 346쪽 / 12,000원

존 웨슬리가 어떻게 불타는 전도자가 될 수 있었는지를 제시하여, 현대 그리스도인들도 불타는 전도자가 되도록 인도해 주는 책.

서로 사랑하자 성경적 복음전도의 모형

진 게츠 지음 / 하도균 옮김 / 신국판 / 초판 2쇄 / 228쪽 / 7,000원

사랑의 동기로 시작하는 복음전도에서 그리스도인들이 사랑으로 하나됨을 통해 사람들을 그리스도계로 인도할 구체적인 방법을 안내하는 베스트셀러 작가 진 게츠의 명저.

십자가의 도

홍성철 지음 / 신국판 / 초판 1쇄 / 244쪽 / 9,000원

복음의 핵심인 십자가를 집중 조명하는 책으로, 십자가의 사건, 십자가의 모형, 십자가의 의미, 십자가의 능력의 소제목 아래, 각각 5편의 글로 구성되어 있는 명저.

역동적 증인이 되자

H. 에디 팍스, 조지 E. 모리스 지음 / 최재성 옮김 / 신국판 / 초판 1쇄 / 276쪽 / 10,000원

역동적 증인으로서 그리스도인이 가진 믿음을 나누기 위한 동기, 본질, 의미, 원리와 방법을 구체적으로 적용할 수 있게 안내하는 탁월한 전도 가이드북.

전도학

홍성철 편저 / 신국판 / 초판 1쇄, 개정 1쇄 / 442쪽 / 15,000원

전도학의 대가들의 글들을 모아 편집한 책으로, 전도 신학, 전도 전략, 전도 방법을 기술한 전도학의 길잡이가 될 명저.

주님의 지상명령 성경적 의미와 적용

홍성철 지음 / 신국판 / 초판 2쇄 / 218쪽 / 7,000원

주님의 지상명령이 함축하고 있는 의미를 깊이 조명하여 그리스도인들로 하여금 그 명령에 보다 확실히 순종할 수 있게 할 저자가 심혈을 기울인 책.

타문화권 복음 전달의 원리와 적용
존 T. 시먼즈 지음 / 홍성철 옮김 / 신국판 / 초판 3쇄, 2판 3쇄 / 342쪽 / 8,000원
복음과 타종교와의 관계 및 복음 전달의 원리와 방법을 깊게 다루어 복음 전달의 이론적 인도자
가 되는 명저.

현대인을 위한 복음전도의 성경적 모델
홍성철 지음 / 신국판 / 초판 2쇄 / 320쪽 / 11,000원
복음적인 안목으로 성경에 접근하고자 하는 그리스도인과 복음전도 지향적인 설교를 준비하는
사역자를 위해 길잡이 역할을 할 명저.

회심 거듭남의 의미와 적용
홍성철 편집 / 신국판 / 초판 2쇄, 개정판 3쇄 / 224쪽 / 7,000원
기독교에서 가장 핵심적 교리인 "회심"의 문제를 신학적, 경험적, 적용적으로 이 분야의 권위자
들이 다룬 9편의 글.

상담 서적

당신의 인생을 다시 시작하라
데일 겔러웨이 지음 / 류선욱 옮김 / 신국판 / 초판 1쇄 / 202쪽 / 6,500원
인생에서 위기를 당하거나 상처를 입었을 때 어떻게 극복할 수 있는지 저자 자신의 경험을 통해
새롭게 일어날 수 있는 길을 감동적으로 조명해 주는 책.

도움의 기술 상처 받은 사람에게 무엇을 말하고 행할 것인가
로렌 리타우어 브릭스 지음 / 전현주 옮김 / 신국판 / 초판 1쇄 / 432쪽 / 13,000원
우리의 도움을 필요로 하는 상처받은 사람들에게 우리가 의미 있는 격려를 할 수 있는 상식적,
실제적, 구체적인 방법들을 제시해 주는 필독서.

마음의 숨겨진 상처를 치유하시는 예수님 성령님과 치유 사역
브래드 롱, 신디 스트릭클러 지음 / 전현주 옮김 / 신국판 / 초판 1쇄 / 318쪽 / 11,000원
독특하고 실제적인 방식으로 전인적이고 균형 있는 영적인 치료법을 다룬 상담과 치유 사역을
위한 필독서.

상처난 아버지와의 관계 회복
제임스 L. 쉘러 지음 / 이기승 옮김 / 신국판 / 초판 6쇄 / 272쪽 / 8,000원
인생의 풀리지 않는 아버지와의 문제들이 무엇이며 그것을 어떻게 다루어야 할지, 더 나아가
하나님 아버지께로 인도하는 책.

잃어버린 퍼스날리티를 찾아서
최병전 지음 / 신국판 / 초판 1쇄, 개정판 1쇄 / 206쪽 / 5,000원
구원은 받았지만 인격의 상처는 개인과 가정과 교회와 사회에 문제를 일으키는 것을 진단하고
해결의 실마리를 제시하는 책.

자살을 애도하며
알버트 쉬 지음 / 전현주 옮김 / 신국판 / 초판 1쇄 / 262쪽 / 7,000원
사랑하는 사람이 자살한 후 남겨진 자살 생존자들을 위한 안내서로, 자살을 실제적으로 예방하
도록 돕는 책.

절망과 소망 사이에서 어떻게 육체의 질병을 이길 수 있는가
알 B. 와이어 지음 / 박현주 옮김 / 신국판 / 초판 1쇄 / 280쪽 / 9,500원
육체의 질병에 대해 심각한 진단을 받을 때, 어떻게 대처하고, 어떠한 선택을 하고, 어떻게 하나
님과 함께 동행하며 승리하는가를 보여 주는 책.

신학 서적

복음주의 실천신학개론
복음주의 실천신학회 편 / 신국판 / 초판 8쇄 / 432쪽 / 15,000원
한국 교회의 목회자와 그리스도인들에게 신학의 복음주의적인 안목을 갖게 함으로 목회 현장을 더욱 풍요롭게 하는 지침서.

성령론적 조직신학
전성용 지음 / 신국판(양장본) / 초판 2쇄 / 750쪽 / 25,000원
성령신학의 정립을 지향하는 책으로, 성령이 삼위일체의 제3위로서의 정당한 지위를 확보하는 기독론적–성령론적 신학의 새로운 패러다임을 제시하는 책.

성령은 누구인가　삼위일체론적 성령론
전성용 지음 / 신국판 / 초판 1쇄 / 390쪽 / 13,000원
은사를 중심으로 다룬 성령론이 아니라 성령을 삼위일체 하나님으로, 그리고 성부 성자와 동등한 독자적인 인격으로 다루는 새로운 성령론의 패러다임을 제시하는 책.

신앙과 신학을 위한 요한복음의 삼위일체 하나님
배종수 지음 / 신국판 / 초판 2쇄, 개정 1쇄 / 581쪽 / 15,000원
요한복음에 나타난 삼위일체 하나님이 누구이시며, 어떻게 존재하시고 구원을 위해 무엇을 하시는지를 누구나 읽고 이해할 수 있도록 쉽게 쓴 책.

우주와 창조자
데이비드 퍼거슨 지음 / 전성용 옮김 / 신국판 / 초판 1쇄 / 192쪽 / 7,000원
성경적인 창조신학에 근거하여 신학과 과학의 흐름을 보게 하며, 진화론에 대한 현명한 신학적 태도를 발견하도록 돕는 창조신학 입문서.

웨슬리안 조직신학
오톤 와일리, 폴 컬벗슨 지음 / 전성용 옮김 / 신국판 / 초판 3쇄 / 572쪽 / 15,000원
신학의 기초 과정을 위한 교과서일 뿐만 아니라, 평신도들이 사용할 수 있도록 간략하면서도 체계를 갖춘 기독교 교리를 제시한 신학의 고전.

진리 경험과 이해
이희용 지음 / 신국판 / 초판 1쇄 / 244쪽 / 10,000원
가다머의 철학적 해석학을 분석하고, 진리 경험의 이해 현상을 언어를 통해 해석하는 보편적 매개체를 이해하도록 돕는 책.

최후의 승리
어네스트 젠타일 지음 / 이혜숙 옮김 / 신국판(양장본) / 초판 1쇄 / 398쪽 / 15,000원
예수님의 영광스러운 재림이 어떠할 것인지를 알려 주고, 영적으로 깨어서 기쁨으로 준비할 수 있게 할 역작.

강해설교 서적

가상칠언　그 의미와 적용
아더 핑크 지음 / 전현주 옮김 / 신국판 / 초판 2쇄 / 192쪽 / 7,000원
십자가 위에서 하신 주님의 일곱 말씀을 통해 용서, 구원, 사랑, 고뇌, 고난, 승리, 만족에 대한 교훈을 얻을 명저.

고난 중에도 기뻐하라 (빌립보서 강해설교)
홍성철 지음 / 신국판 / 초판 2쇄 / 506쪽 / 10,000원
고난 중에도 기뻐할 수 있는 사도 바울의 비결을 성경적으로 파헤치고, 목회적으로 제시한 41편의 강해설교집.

기적을 만드는 사람들
워렌 위어스비 지음 / 구교환 옮김 / 신국판 / 초판 1쇄 / 182쪽 / 6,000원
사도로 변화된 베드로의 이야기를 통해 현대의 그리스도인들이 하나님의 기적을 만들며 살아가도록 도전하는 책.

너를 축복하노라 주님의 축복을 받고 나누자
워렌 위어스비 지음 / 한충식 옮김 / 신국판 / 초판 1쇄 / 254쪽 / 10,000원
하나님의 축복의 통로인 그리스도인들이 누려야 할 축복의 다양함을 강해한 명저.

눈물로 빚어 낸 기쁨 (룻기 강해)
홍성철 지음 / 신국판 / 초판 1쇄 / 182쪽 / 6,000원
룻기에 담겨진 아름다운 이야기를 새로운 각도로 접근하여 전개한 강해집.

마가, 예수의 길을 가다 마가의 예수 이야기
이승문 지음 / 신국판 / 초판 1쇄 / 278쪽 / 9,000원
마가복음을 통해 예수의 수난의 길을 따르는 익명의 사람들을 소개하며, 현대 그리스도인들도 예수의 길을 가도록 권면하는 책.

성령 안에서 설교하라
데니스 F. 킨로 지음 / 홍성철 옮김 / 신국판 / 초판 3쇄 / 176쪽 / 4,500원
방법과 기교를 강조하는 현대 설교에서 성령의 임재를 회복할 수 있는 설교의 원리와 방법을 분명하게 제시하는 책.

성령으로 난 사람
홍성철 지음 / 신국판(양장본) / 초판 1쇄 / 443쪽 / 18,000원
요한복음 3장 1~16절을 근거로 복음을 제시한 강해집으로, 말씀을 통해 복음을 전하고자 하는 누구나 읽어야 할 필독서.

심령의 호소를 들으시는 하나님 (시편 1~23편 강해)
이태웅 지음 / 신국판 / 초판 1쇄 / 304쪽 / 7,500원
시편을 기록한 지 수천 년이 지났으나, 시편 기자들이 경험한 변함없는 하나님의 실재와 냉엄한 현실 사이에서 의에 주리고 목마른 사람에게 한 모금의 냉수와 같은 책.

알기 쉬운 히브리서 (히브리서 강해)
네일 라이트푸트 지음 / 홍성철 옮김 / 신국판 / 초판 1쇄 / 244쪽 / 7,500원
대제사장이요 단번에 드려진 속죄물이신 예수 그리스도를 소개하여 모든 그리스도인들의 신앙을 깊게 하며 예수 그리스도를 깊이 만나게 하는 명저.

온전한 구원, 거룩한 생활
김태구 목사 설교 출판위원회 편집 / 신국판(양장본) / 초판 1쇄 / 594쪽 / 20,000원
성결교회의 신앙문화재로 일컬어지는 김태구 목사의 설교들을 모아 한 권으로 편집한 책.

우리에게 일용할 양식을 주소서 (주기도문 강해설교)
홍성철 지음 / 신국판 / 초판 2쇄 / 228쪽 / 6,000원
주기도문에 나타난 하나님의 영광과 우리의 필요를 깊이 조명시켜 주는 강해설교집.

유대인의 절기와 예수 그리스도 레위기 23장을 중심으로

홍성철 지음 / 신국판 / 초판 1쇄 / 244쪽 / 10,000원
유대인의 절기가 기록된 레위기 23장을 중심으로 그 성경적 의미를 알아보고, 현대적 의미와
기독교와의 연관을 살펴 예수 그리스도와의 관계를 깊이 연구한 명저.

절하며 경배하세

홍성철 지음 / 신국판 / 초판 1쇄 / 224쪽 / 8,000원
예배의 대상과 예배자의 자세를 마태복음과 요한계시록을 근거로 제시하여, 예수 그리스도를
깊이 만나게 하는 명저.

하나님의 사람들 마태복음 1장 1절 강해설교

홍성철 지음 / 신국판 / 초판 1쇄 / 272쪽 / 9,000원
14회에 걸친 강해설교로, 아브라함, 다윗, 예수 그리스도의 비천에서 존귀로의 삶을 통해 21세기를
살아가는 그리스도인들에게 실제적인 교훈과 열정을 회복시키는 메시지.

강해 설교 시리즈 (I-하나님을 바라라, II-기도의 위력, III-복음의 일꾼, IV-바울의 소원)

강선영 지음 / 신국판(양장본) / 초판 1쇄 / 560쪽 / 권당 15,000원
저자가 5년여 동안 설교한 것을 정리하여 펴낸 강해설교집.

시편 강해 (I-나의 목자가 되신 하나님, II-나의 피난처 되신 하나님,
III-나의 힘이 되신 하나님, IV-나의 노래가 되신 하나님)

강선영 지음 / 신국판(양장본) / 초판 1쇄 / 550쪽 / 권당 15,000원
저자가 4년여 동안 시편 전체를 연구하며 설교한 것을 정리하여 펴낸 강해설교집.

요한복음 강해 (I-빛으로 오신 예수 그리스도, II-나의 선한 목자 예수 그리스도,
III-길이요 진리요 생명이신 예수 그리스도, IV-부활하신 예수 그리스도)

강선영 지음 / 신국판(양장본) / 초판 1쇄 / 590쪽 / 권당 12,000원
저자가 6년여 동안 요한복음 전체를 연구하며 설교한 것을 정리하여 펴낸 강해설교집.

워크북 시리즈 (그룹 교재로 사용 가능)

그리스도인의 문제들 어떻게 극복할 것인가?

맥시 더남 지음 / 하도균 옮김 / 신국판 / 초판 1쇄 / 264쪽 / 7,000원
그리스도인이 매일의 삶 속에 당면하는 문제들을 어떻게 대처하고 극복할 수 있는지 안내하는 책.

성령의 열매와 생활

맥시 더남, 킴벌리 더남 레이스먼 지음 / 박재승 옮김 / 신국판 / 초판 1쇄 / 270쪽 / 7,000원
그리스도인의 믿음을 강화시켜 줄 재료로 일곱 가지 기본 덕목을 제시하며, 하나님이 창조하신
대로 선한 자가 되어, 독자를 성령의 열매를 맺는 생활로 안내하는 책.

영적 훈련

맥시 더남 지음 / 이연승 옮김 / 신국판 / 초판 1쇄 / 230쪽 / 7,000원
승리하는 그리스도인의 삶을 형성하기 위한 훈련 과정의 워크북으로, 개인적인 묵상뿐만 아니라
소그룹에서 사용할 수 있는 훈련 교재로도 적합한 책.

예수님처럼 사랑하자

맥시 더남 지음 / 류명욱 옮김 / 신국판 / 초판 1쇄 / 202쪽 / 7,000원
사도 바울의 사랑장인 고린도전서 13장의 내용을 구체적으로 파악할 수 있고, 독자로 하여금
사랑할 수 있는 구체적인 사랑의 길로 인도하는 책.

죽음에 이르는 죄 어떻게 극복할 것인가
맥시 더남, 킴벌리 더남 레이스먼 지음 / 서대인 옮김 / 신국판 / 초판 1쇄 / 288쪽 / 7,000원
피할 수 없는 일곱 가지 죄가 우리의 삶에 어떻게 나타나며, 이러한 죄를 다루는 방법을 제시하여 죄를 극복하게 하는 책.

중보기도
맥시 더남 지음 / 구교환 옮김 / 신국판 / 초판 1쇄 / 266쪽 / 7,000원
본서는 중보기도의 이해를 도울 뿐만 아니라, 개인이나 그룹이 중보기도를 실제로 하게 하기 위한 구체적이고 실제적인 지침서.

기독교 고전 시리즈

(1~16권 / 문고판 / 초판 2쇄 / 권당 1,500원)

1. 왜 하나님은 무디를 사용하셨는가   R. A. 토레이 지음 / 홍성철 옮김
2. 보다 깊은 삶   로버트 머레이 맥체인 지음 / 구교환 옮김
3. 하나님의 임재를 연습하라   로렌스 형제 지음 / 이소연 옮김
4. 성결   J. C. 라일 지음 / 서대인 옮김
5. 예수님을 위하여 선하게 증거하자   존 왓슨 지음 / 이대규 옮김
6. 공격적인 기독교   캐더린 부스 지음 / 염동팔 옮김
7. 구령자를 위한 권면   호레시우스 보너 지음 / 최석원 옮김
8. 불타는 사랑   블레즈 빠스칼 지음 / 곽춘희 옮김
9. 행동하는 믿음   조지 뮬러 지음 / 송철웅 옮김
10. 하늘가는 마부   존 번연 지음 / 문정일 옮김
11. 성도다운 학자의 결단   조나단 에드워즈 지음 / 홍순우 옮김
12. 설교자와 기도   E. M. 바운즈 지음 / 이혜숙 옮김
13. 성도의 영원한 안식   리차드 백스터 지음 / 이기승 옮김
14. 부흥의 법칙   제임스 번스 지음 / 문정선 옮김
15. 성경적 구원의 길   존 웨슬리 지음 / 박홍운 옮김
16. 친구여 들어보지 않겠소?   찰스 스펄전 지음 / 홍성철 옮김